Menschenrechte:
Anspruch und Wirklichkeit

Menschenwürde, Naturrecht und die Natur des Menschen

von

Thomas Sukopp

Tectum Verlag
Marburg 2003

Sukopp, Thomas:
Menschenrechte: Anspruch und Wirklichkeit.
Menschenwürde, Naturrecht und die Natur des Menschen.
/ von Thomas Sukopp
- Marburg : Tectum Verlag, 2003
ISBN 9783-8288-8537-0

© Tectum Verlag

Tectum Verlag
Marburg 2003

Statt eines Vorwortes: Danksagung

Dieses Buch ist aus meiner 2002 an der Technischen Universität Braunschweig eingereichten Magisterarbeit hervorgegangen.

Ermuntert zur Bearbeitung der Fragestellung hat mich mein langjähriger Lehrer Prof. Dr. Dr. Gerhard Vollmer.

Meiner Lebensgefährtin Barbara und meiner Tochter Anna Franziska ist die Kürze des vorliegenden Buches zu verdanken.

Besonderen Dank schulde ich meinem Lehrer und Freund Dr. Wolfgang Buschlinger. Wolfgang, ohne deine zugleich wohlwollende und scharfe Kritik wäre vieles in dieser Arbeit noch unvollkommener als es ohnehin ist. Danke.

Braunschweig, April 2003   Thomas Sukopp

Meinen Eltern

Inhalt

1 Aufgabenstellung und Fragen einer Philosophie der Menschenrechte 11
2 Warum sollten wir die Idee der Menschenrechte verteidigen? – Motive ... 14
3 Der Bestand der Menschenrechte: Menschenrechtserklärungen 19
   3.1 Historischer Abriss 21
   3.2 Das Drei-Generationen-Modell 25
   3.3 Weitere Klassifikationen der Menschenrechte 27
   3.4 Was sind Menschenrechte? Explikationen 29
4 Fähigkeiten und Funktionen als Grundlage der Menschenrechte?
Universelle Begründungsstrategien 33
   4.1 Menschenwürde 36
      4.1.1 Menschenwürde als höchster Rechtswert 36
      4.1.2 Ideengeschichte der Menschenwürde 38
         4.1.2.1 Griechische und Römische Antike 38
         4.1.2.2 Stoa, Patristik und Scholastik 39
         4.1.2.3 Humanismus und Renaissance 42
         4.1.2.4 Neuzeitliche Vernunftphilosophie: Pascal, Pufendorf und Kant 43
         4.1.2.5 Zusammenfassung 46
         4.1.2.6 Menschenrechte ohne Menschenwürde? 47
         4.1.2.7 Weltanschauliche Neutralität 48
         4.1.2.8 Wissenschaftlicher Naturalismus 50
         4.1.2.9 Anthropologische Tatsachen: Bedürftigkeit statt Würde 50
      4.1.3 Josef Seifert: Ein zeitgenössischer Begründungsversuch für
         Menschenwürde 52
   4.2 Naturrecht 57
      4.2.1 Varianten des Naturrechts 58
      4.2.2 Was sind Naturrechte? 59
         4.2.2.1 Strukturmerkmale des Naturrechts 60
         4.2.2.2 Was heißt „Natur" im Naturrecht 62
         4.2.2.3 Was heißt „Recht" im Naturrecht 64
         4.2.2.4 Naturrecht in Abgrenzung vom positiven Recht 65
      4.2.3 Kritik der Naturrechts 66
         4.2.3.1 Warum gibt es so viele Naturrechtsauffassungen? 66
         4.2.3.2 Die ideengeschichtliche Belastung des Naturrechts 67
         4.2.3.3 Searle: Der ontologische Status institutioneller Tatsachen 68
         4.2.3.4 Zum Geltungsproblem naturrechtlicher Positionen: ein juristischer
            Einwand 70
         4.2.3.5 Naturalistischer Fehlschluss (NFS) 70

4.2.3.6 Umfang naturrechtlicher Menschenrechtsbegründungen 74
4.2.4 Motivierung eines vernunftrechtlichen Naturrechts: Ist Naturrecht noch zu retten? 75
4.2.5 Vom Naturrecht zum Rechtspositivismus 76
4.2.6 Harts Rekonstruktion des Naturrechts als Menschenrecht auf Leben 78
    4.2.6.1 Die deskriptiven Prämissen 79
    4.2.6.2 Kritik des Hart'schen Konzeptes 80
4.2.7 John Finnis: Rationale Begründung von Menschenrecht als Naturrecht ... 81
    4.2.7.1 Grundbegriffe 81
    4.2.7.2 Darstellung von Finnis' Position 83
    4.2.7.3 Kritik Finnis' 85

4.3 Kant: Eine transzendentalphilosophische Begründungsstrategie...... 87
4.3.1 Menschenrecht bei Kant 87
4.3.2 Kritik an Kant 89

5 Nussbaum: Menschliche Fähigkeiten und Funktionen (Human capabilities approach) **97**

5.1 Voraussetzungen 97
5.1.1 Neoaristotelismus 97
5.1.2 Der internalistische Essentialismus Nussbaums 98
5.1.3 Das intuitive Vorgehen Nussbaums 99

5.2 Wo können wir die ethische Position Nussbaums einordnen? 100

5.3 Nussbaums philosophische Gegner 101
5.3.1 Nussbaums Kritik am Utilitarismus: Zugleich eine Kritik des *homo oeconomicus* 101
5.3.2 Kritik des politischen Liberalismus am Beispiel Rawls' 103

5.4 Nussbaums Gegenvorschlag: Die kontextsensitive Rekonstruktion des guten Lebens 106
5.4.1 Warum geht Nussbaum von Grundfunktionen (functionings) und Fähigkeiten (capabilities) aus? 107
5.4.2 Nussbaum: Das Zwei-Ebenen-Modell und die Liste der Grundfunktionen und Fähigkeiten (human functional capabilities) 109
    5.4.2.1 Katalog der grundlegenden Erfahrungsbereiche: Ebene 1 109
    5.4.2.2 Elementare menschliche Funktionsfähigkeiten: Ebene 2 112
5.4.3 Vom Zwei-Ebenen-Modell zur aktuellen Liste der Funktionen und Fähigkeiten 114
5.4.4 Die aktuelle Liste der Funktionen und Fähigkeiten 115
    5.4.4.1 Was zeichnet diesen Ansatz Nussbaums aus? 118
    5.4.4.2 Nussbaums Klassifikation der Fähigkeiten 119
5.4.5 Zusammenhänge zwischen Fähigkeiten und Menschenrechten 121

5.5 Argumente gegen Nussbaum und ihre Erwiderungen 123
5.5.1 Essentialismus und Paternalismus 124
5.5.1.1 Anti-essentialistische Gespräche 124
5.5.1.2 Argumente gegen den Essentialismus und die Nussbaumsche Erwiderung 125
5.5.1.3 Essentialismus und Relativismuskritik 130
5.5.2 Pauls Kritik des Kulturrelativismus 131
5.5.3 Argumente gegen Nussbaum als Vertreterin eines Bedürfnisansatzes 133
5.5.4 Kritik der Argumente gegen Nussbaum 136
5.5.5 Weiterführende Kritik: Nussbaums Holismus und die Trennschärfe zwischen Fähigkeiten und Funktionen 138
5.5.5.1 Grenzen des holistischen Konzepts Nussbaums 138
5.5.5.2 Wie scharf kann man zwischen Fähigkeiten und Funktionen unterscheiden? 141

5.6 Methodologische Regeln einer Philosophie der Menschenrechte 144

6 Rückblick und Ausblick: Ist Nussbaums Konzept ein verbesserter Bedürfnisansatz? 151

Literatur 153

Abbildungs- und Tabellenverzeichnis 161

1 Aufgabenstellung und Fragen einer Philosophie der Menschenrechte

Das vorliegende Buch verfolgt mehrere Ziele: Die Beschäftigung mit der Frage nach der Geltung von Menschenrechten soll motiviert werden (Kapitel 2). Im explikativen Teil (Kapitel 3) werden wichtige Menschenrechtsdokumente vorgestellt, Menschenrechte klassifiziert, Explikationen des Begriffs besprochen. Außerdem wird ein Vorschlag zur allgemeinen Struktur von Menschenrechten gemacht.

In Kapitel 4 werden drei Begründungsstrategien dargestellt und kritisiert, die zwar den Anspruch universeller Begründung erheben, aber im Gegensatz zu Nussbaum (5) nicht menschliche Fähigkeiten und Funktionen in den Mittelpunkt stellen: Menschenwürde, Naturrecht und die transzendental-vernunftrechtliche Begründungsstrategie Kants. Dazu werden nach einem ideengeschichtlichen Überblick die zwei charakteristischen Merkmale der Menschenwürde herausgestellt. Menschenwürde wird insgesamt als Begründungsinstanz abgelehnt. Naturrecht (4.2) wird nach einem allgemeinen Überblick anhand zweier zeitgenössischer Vertreter (Hart und Finnis) behandelt. Mit Kant (4.3) schließt das Kapitel 4 ab.

Kapitel 5 bildet den Hauptteil. Ich stelle die Voraussetzungen, Motive und philosophischen Gegner Nussbaums dar sowie als Kern des Nussbaum'schen Konzeptes drei Listen, die elementare menschliche Fähigkeiten und Funktionen enthalten. Nussbaum wird von verschiedenen Seiten kritisiert und ihre Argumente gegen diese Kritik werden ihrerseits dargestellt. Anschließend trage ich zwei Kritikpunkte gegen Nussbaum und methodologische Regeln zur Verbesserung des Niveaus der Auseinandersetzung zwischen Universalisten und Relativisten vor. Im Schlusskapitel 6 wird der Ansatz Nussbaums insgesamt als fruchtbar herausgestellt.

Welche Aufgaben hat eine Philosophie der Menschenrechte?[1]

Eine universalistische Konzeption der Menschenrechte steht vor vielen Problemen:

Einerseits sollen Menschenrechte für alle Menschen gelten, unabhängig von kulturellen, geschichtlichen, gesellschaftlichen und politischen Bedingungen. Andererseits gibt es gute Gründe anzunehmen, dass es gerade die eben genannten spezifischen, variablen Faktoren sind, die Gültigkeit von Menschenrechten bestimmen. Kann es also z. B. nur kulturspezifische Menschenrechtskonzepte geben?

Welchen Rechten soll der Status von Menschenrechten zukommen? Die Gefahr der Inflation von Menschenrechten ist offenkundig. Forderungen nach „Menschenrechten" auf Fernsehen oder Fußball sind kurios, weil überzogen. Angesichts der vielen Fragen könnte man sich pragmatisch auf eine Position zurückziehen, die an die Politik und Justiz die Forderung nach Durchsetzung und wirksamer Kontrolle der Einhaltung der Menschenrechte richtet. Doch wäre der Rückzug auf eine solche Position befriedigend? Angesichts weiter reichender Aufgaben liegt eine verneinende Antwort nahe. Philosophie kann nämlich die Geltungsansprüche theoretischer, ethisch-praktischer, ästhetischer oder wirtschaftlich-ökonomischer Art der verschiedenen Positionen in reflexiver Haltung thematisieren. Sie kann beispielsweise Antworten auf Definitionsfragen, Fragen nach dem Status der Menschenrechte (moralische und/oder juristische Rechte), nach der Struktur von Menschenrechten, nach der Kulturabhängigkeit oder eben nach der Begründbarkeit von Menschenrechten suchen und formulieren. Und sie kann Beiträge zur Lösung folgender Probleme liefern:

- Ist die Forderung nach Menschenrechten tatsächlich eine notwendige und eine notwendigerweise Universalität beanspruchende Forderung?
- Lassen sich ähnliche Begriffe und Begründungen in wirkungsgeschichtlich relevanten philosophischen Werken anderer (asiatischer, z. B. chinesischer und japanischer) Kulturen nachweisen? Ist der Begriff des Men-

---

[1] Zur Relevanz der Philosophie in der Auseinandersetzung um Menschenrechte siehe Paul (http://dcg.de/paul/mrskizze.htm). Dort findet man eine Liste mit philosophischen Fragen (S. 2). Paul fasst den Beitrag der Philosophie zur Menschenrechtsdebatte so auf: „Philosophie der Menschenrechte ist vor allem argumentative, d. h. begrifflich klare, kritische und selbstkritische, logische Konsistenz und allgemeinmenschlicher Erfahrung verpflichtete [...] Auseinandersetzung." (ebenda, S. 2)

schenrechts tatsächlich „westlich"? Selbst wenn ja, muss zwischen Genese und Geltung unterschieden werden.
- Ist es überhaupt möglich, fremde Kulturen zu verstehen?
- Wie können Menschenrechte begründet werden, ohne dass weit reichende anthropologische, kulturelle, metaphysische, ontologische oder religiöse Vorannahmen gemacht werden?
- Muss eine Abstufung und Hierarchisierung von Menschenrechten zwangsläufig eine Relativierung bedeuten?
- Kann der Menschenrechtsidee, d. h. der Idee der Existenz universeller Menschenrechte, durch Positivierung der Menschenrechte Genüge getan werden?
- Kann die Idee restlos positiviert werden? Und was hat das für Auswirkungen auf das Verhältnis von kodifizierten positiven Menschenrechten und den ihnen zu Grunde liegenden regulativen Prinzipien?[2]

Die folgende Diagnose Kerstings legt nahe, dass es tatsächlich viele philosophische Aufgaben gibt:

„In der Tat befindet sich der Menschenrechtsgedanke in keiner guten Verfassung. Die Überschwemmung der öffentlichen Diskussion mit immer neuen Menschenrechten ist unerträglich. Die Menschenrechtslandschaft ist verwildert und unübersichtlich; die semantischen Wucherungen lassen keine Konturen, keine Ordnung mehr erkennen. Das Menschenrecht erweist sich damit als begründungstheoretisch untauglich und wird daher auch schwerlich in der Lage sein, das ihm von den Globalisierungsbegeisterten auferlegte weltpolitische Orientierungspensum zu leisten." (Kersting 2001, S. 15)

---

[2] Wie sehen wir, dass Philosophie einen Beitrag zur Lösung dieser Fragen liefern kann (siehe Göller (Hg.) 1999)? Ein Beispiel möge genügen. Welchen Beitrag kann also Philosophie zur Lösung der ersten Frage in der Auflistung leisten? Philosophie kann – wie so oft – zur Begriffsklärung beitragen: Was soll „notwendig" bedeuten? Eine weitere Frage ist die, warum Menschenrechte notwendigerweise gelten. Diese Frage fordert eine Begründung. Eine Antwort kann folgende Struktur haben: Alle Menschen haben schon deshalb Menschenrechte, weil sie bestimmte Eigenschaften oder Fähigkeiten haben. Weil Menschen Menschenwürde besitzen, haben sie auch Menschenrechte. Zusätzlich sind sie fähig, diese Menschenwürde auch zu erkennen. In Kapitel 4.1 werden wir diese Begründungsstrategie näher untersuchen.

2 Warum sollten wir die Idee der Menschenrechte verteidigen? – Motive

Nicht nur Philosophen haben starke Motive, sich für die Beachtung und Durchsetzung von Menschenrechten einzusetzen. Die Menschenrechte sind schlicht in aller Munde. Selbstverständlich verweisen auch Politiker in Sonntagsreden gerne auf die unbedingt zu achtenden Menschenrechte[3]. Doch gleichzeitig werden weltweit Menschenrechte missachtet:

> „Aus den Aussagen von Zeugen und Vergewaltigungsopfern geht hervor [...], dass die serbischen Besatzer Konzentrationslager für Frauen und Kinder eingerichtet haben [...]. In den Frauenkonzentrationslagern werden Kriegsverbrechen begangen; kleine Kinder, Mädchen und Frauen werden vor den Augen ihrer Eltern, Brüder und Schwestern, Ehemänner oder Kinder vergewaltigt. Nach Zeugenaussagen werden die vergewaltigten Frauen auch weiter bestialisch gequält oder massakriert, man schneidet ihnen die Brüste ab und reißt ihnen die Gebärmutter heraus [...]" (S. Shute, S. Hurley 1993, S. 11)

Selbst elementare Menschenrechte wie das Recht auf Leben und auf körperliche Unversehrtheit werden systematisch missachtet. Gerade die Verletzlichkeit aller Menschen und aller Menschenrechte motiviert Amnesty International und andere NGO's (Non Governmental Organisations), für die Beachtung von Menschenrechten zu streiten.[4]

Politische Motive

Die Fähigkeiten-Ethik Martha C. Nussbaums, die im Zentrum dieser Arbeit steht, ist ebenfalls politisch motiviert: Es geht um eine größere Verteilungsgerechtigkeit in Entwicklungsländern. Wenn sie erreicht ist, können die Ressourcen zugänglich gemacht werden, die Menschen zur Ausbildung ihrer Fähigkeiten brauchen.

Wer im Unterschied zu Nussbaum nicht eine größtmögliche individuelle Gerechtigkeit bezüglich lebenswichtiger Güter als politisches oder philosophisches

---

[3] Auch Tierrechte werden gefordert. Ein führender Vertreter in Sachen Tierrechte gab kürzlich ein Interview (siehe Regan 2001, S. 78-81).

[4] Die Erfahrungen von Unrecht, schwerem kollektiven Leid und anderen schwerwiegenden Demütigungen haben auch in der Geschichte der Menschenrechte Anlass zur Kodifizierung gegeben (siehe z. B. die Präambel der *Allgemeinen Erklärung der Menschenrechte* von 1948 in Hinkmann 1996, S. 92f.).

Motiv hat, könnte klassisch-liberal die Freiheit des Individuums fordern und Freiheitsrechten besondere Bedeutung zuschreiben.

Bedürfnis nach ethischem Minimalkonsens

Wir können nicht nur beobachten, dass oft von Menschenrechten die Rede ist. Mehr noch erleben wir eine Hochkonjunktur der Debatte über Menschenrechte angesichts von Prozessen einer Globalisierung, die das „weltweite Drama des normativen Individualismus über die ganze Welt" (Kersting 2001, S. 14) verbreiten.

Kersting diagnostiziert ein „Bedürfnis nach einer unbegrenzt kompatiblen, allseits kommensurablen normativen Währung" (Kersting 2001, S. 14). Diese Währung sollen die Menschenrechte sein.

Gegner einer Philosophie der Menschenrechte

Die Relevanz einer Philosophie der Menschenrechte wird von mehreren Seiten bestritten:

Aus dem Faktum ständiger Menschenrechtsverletzungen wird die Konsequenz gezogen, mehr für die politische und juristische (bzw. völkerrechtliche) Durchsetzung von Menschenrechten zu tun, anstatt nur über sie zu philosophieren. Als oberstes Ziel wird oft die Einklagbarkeit von Menschenrechten genannt. Für einen Vertreter eines pragmatischen Rechtspositivismus oder eines politischen Pragmatismus ist eine Philosophie der Menschenrechte eher überflüssig.

Philosophische Gegner der Menschenrechte

Ein noch stärkeres Motiv (als das vorangegangene), Menschenrechte zu begründen, ergibt sich aus der Tatsache, dass es *philosophische* Gegner der Idee der Menschenrechte gibt, insbesondere Philosophen, die behaupten, man könne nicht gut für die Existenz von Menschenrechten argumentieren.[5] Bentham bezeichnet Menschenrechte schlicht als „nonsense upon stilts", also gestelzten Unsinn (Bentham, in: Melden 1970, S. 32). Marx, mit seinem Antipoden Burke

---

[5] Wenn sich alle über die Existenz der Menschenrechte oder deren Begründbarkeit einig wären, bräuchten wir keine Argumente, um Gegner dieser Position zu überzeugen. Da es aber Philosophen gibt, die nicht an die Existenz der Menschenrechte glauben, sind Menschenrechte besonders begründungsbedürftig.

ausnahmsweise einer Meinung, lehnt Menschenrechte ab, weil in ihnen die einer Rechtsform eigentümliche Abstraktion am weitesten getrieben wird.⁶

MacIntyre setzt den Glauben an Menschenrechte mit dem an Einhörner und Hexen gleich (Kersting 2000, S. 12).

Philosophische Gegner einer universellen Begründbarkeit von Menschenrechten

Neben dieser starken Gegnerschaft gibt es Philosophen, die die Möglichkeit interkulturell gültiger Begründungen gleich welcher Art bestreiten. Für Richard Rorty z. B. rutscht

> „der Sinn von Begründungspraktiken immer nur ins Agonale, ins Martialische oder Missionarische ab, wenn ‚andere' Kulturen ins Spiel kommen. Rorty sieht nämlich für Begründungen nur die Rolle des Artikulierens, Erinnerns und ‚internen' Zusammenfassens von Überzeugungen, die in der Bildung des ‚Wir' einer Wir-Gruppe schon vorliegen."⁷ (Kettner, in: Göller (Hg.) 1999, S. 57)

Motive zur universellen Begründung von Menschenrechten

Schon der Begriff der Menschenrechte fordert zur universellen Begründung heraus: Gemeint sind eben bestimmte Rechte aller Menschen.

Wer meint, es gäbe ein Naturrecht, hat nicht nur ein starkes Motiv, Menschenrechte als Naturrechte auszuweisen, sondern er hat bereits eine Begründungsstrategie.

Wer meint, aufgrund menschentypischer Merkmale seien Menschen ebenso verletzbar wie schutzbedürftig, wird Menschenrechte anthropologisch fundieren. Martha C. Nussbaums Ansatz ist philosophisch unter anderem so motiviert.

Ein persönliches Motiv: Zugleich eine Polemik Kerstings

Ein vorrangiges Motiv für das vorliegende Buch ist, dass ich bestimmten Gruppen, die Kersting (2001, S. 14f.) nennt, nicht das Feld überlassen möchte:

---

⁶ Das Menschenrecht auf Freiheit z. B. kritisiert Marx, weil es „nicht auf der Verbindung des Menschen mit dem Menschen [basiert], sondern vielmehr auf der Absonderung des Menschen von dem Menschen" (Karl Marx 1982, S. 157).

⁷ Kettner fährt mit einer Kritik Rortys fort: „Er übersieht aber immer die zweite, für den Gebrauchswert von Begründungen ebenso wichtige Rolle: Begründungen ermöglichen und erlauben Kritik, genauer: symmetrische Kritikformen, in denen eigenes Kritisieren von anderen und Sich-kritisieren-Lassen durch andere auf gleichem Fuße stehen" (Kettner: in Göller (Hg.) 1999, S. 57).

1. Wer Menschenrechte wie jedes moralisches Urteilen zu einer Frage des freien Spiels (Derrida) oder zu einer lediglich individuellen Angelegenheit (Foucault) erklärt, muss sich fragen lassen, ob er folgende Konsequenzen befürwortet: Ich möchte gern mit Folter herumspielen[8], und jemand möchte mir Einhalt gebieten. Über die moralische Überlegenheit meines Gegners lässt sich dann *nichts* sagen (siehe Nussbaum 1993, S. 331). Das ist eine unerfreuliche Aussicht.

2. Wer glaubt, in einem Akt nachgeholter Reue für Kolonialismus Menschenrechtsuniversalismus als Moralkolonialismus oder Moralimperialismus brandmarken zu müssen, ist noch lange nicht fortschrittlich. Wer sich, aus welchen löblichen Motiven auch immer heraus, für die Fremdheit und das kulturell Besondere anderer Kulturen einsetzt, sollte nicht übersehen, dass sich unter dem Deckmantel vermeintlicher Toleranz, unter dem Vorwand kultureller Selbstverteidigung diktatorische und autokratische Regimes gegen Forderungen nach Demokratie und Rechtsstaatlichkeit abdichten wollen.

Es mag *asian values* geben. Diese sind aber nicht notwendig mit den jetzt von herrschenden Eliten propagierten identisch, sondern ein Mittel, um in effektvollen Inszenierungen große Teile der eigenen Bevölkerung von ihren Forderungen nach Demokratisierung abzulenken.

3. Konservative Moralskeptiker wie Enzensberger beklagen nicht nur den großen rhetorischen Menschenrechtsauftrieb auf die Almen der Sonntagsredner. Die inflationäre Rede von Menschenrechten führe zur „psychischen und kognitiven Überforderung" (zitiert nach Kersting 2001, S. 15) der Menschen.

Seine Diagnose, dass sich die Schere zwischen Rhetorik und Handeln immer weiter öffnet, ist zutreffend. In der Politik wie auf Kirchentagen glaube man die Kluft durch Heuchelei und „naiven Postulatismus" (Kersting 2001, S. 15) überbrücken zu können und arbeite so dem Zynismus ahnungslos in die Hände.

Enzensbergers Reaktion ist der Rückzug ins Private. Er bleibt in moralischen Fragen im Lande und nährt sich redlich. In der Tat taugt eine Menschen-

---

[8] Das „Herumspielen" mit Folter ist bei Nussbaum nach meiner Interpretation nicht nur auf ein verbales Spiel beschränkt, sondern schließt die Anwendung von Folter mit ein.

rechtskonzeption, die zu viel von den Menschen fordert, wenig. Doch der Schluss, Menschenrechte könnten *nur*[9] in unserer nächsten Umgebung, gegenüber unserer Familie und unseren Freunden Anwendung finden, ist nicht zwingend.

---

[9] Enzensberger ist weniger anspruchsvoll als Singer in seiner These vom expanding circle: Singer hält eine schrittweise Ausweitung des Personenkreises, die in unseren Moralhorizont fallen, über unsere Familie und Freunde hinaus für möglich (Singer 1981). Andere soziobiologische Überlegungen zeigen zwar, dass wir evolutiv nicht vorbereitet oder sogar nicht geeignet sind, universalistischen Moralvorstellungen zu genügen (siehe Vollmer, in: Bayertz (Hg.) 1993, S. 128: „Ob allerdings der 'expanding circle' […] unserer Interessen, den die Soziobiologie diagnostiziert, so stark ausgeweitet werden kann, wie manche Ethiken glauben fordern zu müssen, nämlich zu einer *Fernsten*liebe, erscheint nicht nur nach Nietzsche, sondern auch unter biologisch-soziobiologischen Aspekten eher fraglich." Daraus folgt natürlich noch nicht die starke Beschränkung unseres moralischen Horizonts, wie ihn Enzensberger formuliert.

3 Der Bestand der Menschenrechte: Menschenrechtserklärungen

Es gibt eine Reihe wichtiger Menschenrechtserklärungen.[10] Insgesamt können wir von einer Ausweitung der Menschenrechte in zwei Richtungen sprechen: Immer mehr Rechte werden als Menschenrechte kodifiziert, und immer mehr Staaten haben Menschenrechtserklärungen unterschrieben. Exemplarisch herausgegriffen werden hier

a) *Die Allgemeine Erklärung der Menschenrechte* (Resolution 217 (III) der Generalversammlung der Vereinten Nationen) vom 10. Dezember 1948,

b) der *Internationale Pakt über bürgerliche und politische Rechte* sowie der *Internationale Pakt über wirtschaftliche, soziale und kulturelle Rechte* vom 19. Dezember 1966,

c) die *Banjul Charta der Menschenrechte und Rechte der Völker* vom 27. Juni 1982 und

d) *The Cairo Declaration of Human Rights in Islam* vom 5. August 1990

(Hinkmann 1996, S. 92-114).

Eine erste Frage ist, welche Rechte in allen diesen Erklärungen als Menschenrechte anerkannt werden. Der Konsens ist überraschend groß, wenn wir bedenken, dass die Dokumente aus verschiedenen Kulturen stammen: Zu ihnen gehören das Recht auf Leben, das Recht auf Unversehrtheit der Person, positive und negative Freiheitsrechte, das Recht auf Eigentum sowie das Recht auf Bildung. Weitere soziale, kulturelle und wirtschaftliche Rechte werden in allen vier Dokumenten kodifiziert.

Außerdem gibt es gemeinsame Elemente der Fundierung der Menschenrechte: Menschenrechte sollen sich aus Eigenschaften herleiten, die alle Menschen haben. Insbesondere wegen der Würde, die alle Menschen haben, sollten sie auch

---

[10] Den besten Überblick bietet Heidelmeyer 1997. Dort findet man alle relevanten Menschenrechtsdokumente: Erklärungen, Konventionen, Pakte, Abkommen, Zusatzvereinbarungen u.a. Ebenfalls empfehlenswert ist Simma 1985.

Menschenrechte haben.[11] Diese Rechte werden als „unveräußerlich" (Dokumente a und b) und „unantastbar" (Dokument c) bezeichnet. Anders als a beziehen die Kodifizierungen b bis d die Rechte von Völkern und Staaten mit ein und legen in den Präambeln jeweils unterschiedliches Gewicht auf die Fundierung der nachfolgenden Artikel.[12]

Angesichts der Übereinstimmungen bezüglich der kodifizierten Rechte und auch in den Fundierungen der Rechte in den Präambeln stellt sich folgende Frage: Können wir bereits durch Vergleich der Menschenrechtsdeklarationen erkennen, dass die Forderung nach universeller Geltung der Menschenrechte[13] überzogen ist? Vertreter islamischer Menschenrechte beanspruchen z. B., dass bestimmte Menschenrechte in der islamischen Kultur nicht gelten und andere ausschließlich in der islamischen Kultur Gültigkeit besitzen. Die Kodifizierung wird trotzdem auch universalistisch gedeutet:

> „Schließlich bekräftigte die aus der Konferenz hervorgegangene Deklaration [Deklaration d, Anmerkung des Autors] nicht ausdrücklich den kulturellen Relativismus. [...] Sie] bestätigte den universellen Charakter der Rechte und Freiheiten, hob aber die Bedeutung regionaler Eigenheiten hervor und verlangte die Berücksichtigung des histori-

---

[11] Okin (in: Gosepath, Lohmann (Hg.) 1998, S. 323f.) merkt kritisch an, dass in der Erklärung d „islamische Einschränkungen bestimmter Rechte und Freiheiten" gerechtfertigt werden. In Artikel 6 ist von Pflichten und Rechten der Frauen die Rede. Die benannten Rechte und Pflichten lassen für Okin „auf eine Billigung der traditionellen Geschlechterrollen schließen" (Okin S. 324). In Artikel 24 wird ein Spielraum für diskriminierende Rechtspraktiken offen gelassen: „Alle in der Deklaration festgesetzten Rechte und Freiheiten sind der *Scharia* unterworfen."

[12] Erstaunlicherweise ist in der Präambel der *Cairo Declation of Human Rights* das religiöse Moment der Fundierung nicht nur am stärksten, sondern Artikel 1 beginnt mit einem jüdisch-christlichen Element: „All human beings form one family whose members are united by submission to god and descent from Adam" (Hinkmann 1996, S. 109). In der *Banjul Charta der Menschenrechte und Rechte der Völker* wird besonderer Wert auf die wirtschaftlichen, sozialen und kulturellen Rechte gelegt: Die unterzeichnenden Staaten sind überzeugt, „dass fortan dem Recht auf Entwicklung besondere Bedeutung zukommt, die bürgerlichen und politischen Rechte nicht von wirtschaftlichen, sozialen und kulturellen Rechten getrennt werden können, weder in der Konzeption noch in ihrer Universalität, und dass die Befriedigung wirtschaftlicher, sozialer und kultureller Rechte eine Garantie für den Genuss bürgerlicher und politischer Rechte ist [...]" (Hinkmann 1996, S. 105).

[13] Interessant ist hier ein Blick auf die Frage, welche Staaten universelle Menschenrechte tatsächlich ablehnen. Es sind Staaten wie Kuba, Vietnam, Singapur, Malaysia, Syrien, Indonesien, Pakistan und Jemen (Okin, in: Gosepath, Lohmann (Hg.) 1998, S. 324, Fußnote 33).

schen, kulturellen und religiösen Kontextes." (Okin, in: Gosepath, Lohmann (Hg.) 1998, S. 325)

Wenn wir zudem auf die Vielzahl der Staaten verweisen, die allein die Deklaration a unterzeichnet haben, so könnten wir in erster Näherung auf die rechtliche universelle Geltung von Menschenrechten verweisen.

Um die Klassifikation des Generationen-Modells der Menschenrechte besprechen zu können, das historisch motiviert ist, wird im nächsten Schritt erörtert, welche Rechte in der Geschichte der Menschenrechte erstmals als Menschenrechte formuliert wurden.

3.1 Historischer Abriss

England als die Wiege der Menschenrechte zu bezeichnen, ist nicht übertrieben. Sie haben sich dort aus Standesrechten entwickelt. Zum einen sind sie ein Ergebnis des erfolgreichen Kampfes der Stände gegen die Bestrebungen der englischen Krone, sich unbeschränkte Rechte zuzulegen. Zum anderen haben englische Philosophen des 17. Jahrhunderts (Hobbes, Locke und Milton) Beiträge zur Begründung von Menschenrechten geleistet.[14] Bei Hobbes finden wir erstmals die Formulierung unveräußerlicher Rechte wie die auf Selbsterhaltung, auf körperliche Unversehrtheit und das Selbstverteidigungsrecht. Mit starken Einschränkungen formuliert Hobbes auch ein Widerstandsrecht.[15]

Die Menschenrechte sind aus den „englischen Freiheiten" entstanden, das sind die *Magna Charta Libertatum* (1215), die *Petition of Rights* (1628), die *Habeas-Corpus-Akte* (1679) und die *Bill of Rights* (1689).[16] Diese verbrieften Rechte

---

[14] Allen voran ist hier Thomas Hobbes zu nennen (siehe Göller, „Thomas Hobbes – ein Vorläufer *universaler* Menschenrechte", 1999, S. 135-149). Zwar sagt Göller ausdrücklich, dass Hobbes nicht von Menschenrechten spricht. Jedoch setzt mit Hobbes „die aufklärerische Reflexion auf einen *säkularisierten* Menschenrechtsbegriff erst eigentlich ein. Hobbes entwickelt für jede rechtliche und staatliche Ordnung ein wirklich neuzeitlich zu nennendes Fundament." (Göller 1999, S. 135)

[15] Siehe Göller 1999, S. 140f. Zum Selbstverteidigungsrecht schreibt Hobbes: „Ein Vertrag, mich gegen Gewalt nicht mit Gewalt zu verteidigen, ist immer nichtig" (Hobbes 1996, S. 117). Das behauptete Widerstandsrecht betrifft nur einen Verurteilten, dem ein Souverän nicht berechtigt befehlen kann, sich zu töten (Hobbes 1996, S. 184).

[16] Siehe dazu auch Schwan, in: Brose, Lutz-Bachmann (Hg.) 1994, S. 22ff.

englischer Bürger, zumeist Abwehrrechte gegen Willkürmaßnahmen von staatlich-politischer Seite, gingen sowohl in spätere Verfassungen der Vereinigten Staaten von Amerika wie auch in die französische Erklärung der Rechte des Menschen ein. Die konkreten Inhalte der Rechte waren z. T. profan, zum Teil eine politische Errungenschaft zunehmend einflussreicherer Bürger. Einige Beispiele aus der *Magna Charta Libertatum* mögen genügen:

> „Kein Dorf und kein einzelner sollen gezwungen werden, an Flussufern Brücken zu bauen; hiervon ausgenommen sind diejenigen, die von altersher rechtlich dazu verpflichtet waren." (Zitiert nach Schwan, in: Bachmann, Brose (Hg.) 1994, S. 22)

Oder:

> „Kein freier Mann soll ergriffen, gefangengenommen, aus seinem Besitz vertrieben, verbannt oder in irgendeiner Weise zugrunde gerichtet werden, [...] es sei denn auf Grund eines gesetzlichen Urteils seiner Standesgenossen und gemäß dem Gesetz des Landes." (Art. 39 der Magna Charta Libertatum, zitiert nach Heidelmeyer 1997, S. 48f.)

Es geht also durchaus um Zusicherungen gegen Willkür seitens der Obrigkeit, die man als handfest bezeichnen kann.

In den *Bill of Rights* werden Rechte festgeschrieben, die der König nie ohne Zustimmung des Parlamentes ändern darf.

Die *Habeas-Corpus-Akte* ist nach ihren Anfangsworten („Du sollst deinen Körper behalten") benannt. Gemeint ist etwa „Du sollst (darfst) über deine Person verfügen". Ähnlich wie in der *Magna Charta Libertatum* von 1215 geht es um Schutz vor willkürlicher Verhaftung auch für die Bürger der Kolonien. Verhaftet werden durfte nur auf der Grundlage gültiger Gesetze, aufgrund eines schriftlichen Befehls und nach gerichtlicher Untersuchung.

Nun kann man einwenden, dass es in den bisher genannten Rechtskatalogen noch nicht um Menschenrechte geht. Das stimmt insofern, als erstens die daraus ableitbaren Forderungen schwach waren und zweitens Feststellungen fehlten wie die, dass alle Menschen von Geburt an mit unveräußerlichen Rechten ausgestattet seien.

Dagegen lässt sich sagen, dass es anachronistisch wäre, sofort alle Merkmale von Menschenrechten zu fordern. Außerdem sind Abwehrrechte immerhin Menschenrechte (Kriele 1990, S. 71-95), wenn heute auch die Bedeutung dieser Rechte hinter der Bedeutung der Individualrechte zurücktritt. Diese waren für John Locke, den Großvater des Liberalismus, die zentralen Rechte. Auf eine

Formel gebracht, waren die von ihm geforderten Menschenrechte Leben, Gesundheit, Freiheit und Eigentum (Besitz).[17]

Die ersten Menschenrechtserklärungen

In den Menschenrechtserklärungen des 18. Jahrhunderts werden einige Rechte erstmals genannt, nämlich soziale, wirtschaftliche und kulturelle Rechte. In den genannten Dokumenten des 13.-17. Jahrhunderts ist dagegen vor allem von Freiheitsrechten und politischen Rechten die Rede.

In der ersten Erklärung der Menschenrechte, der *Virginia Bill of Rights* von 1776, und in der *Unabhängigkeitserklärung* werden zum ersten Mal Menschenrechte formuliert, wie wir sie heute noch für fundamental halten. In der erstgenannten heißt es:

„Alle Menschen sind von Natur aus gleich und frei und unabhängig und besitzen gewisse angeborene Rechte."

In der *Unabhängigkeitserklärung* steht Ähnliches:

„Wir halten diese Wahrheiten für evident, dass alle Menschen gleich erschaffen sind, dass sie von ihrem Schöpfer mit unveräußerlichen Rechten ausgestattet sind."[18]

Die *Virginia Bill of Rights* ist deutlich von Locke[19] beeinflusst. In Art. 1 werden folgende Menschenrechte genannt:

„[Der] Genuss des Lebens und der Freiheit und dazu die Möglichkeit, Eigentum zu erwerben und zu besitzen und Glück und Sicherheit zu erstreben und zu erlangen." (Pietzker 1981, S. 17)

---

[17] Im *Second Treatise of Government* II, S. 6 heißt es: „The state of nature has a law of Nature to govern it, which obliges every one: And Reason, which is the Law, teaches all Mankind, who will but consult it, that being is all equal and independent, no one ought to harm another his Life, Health, Liberty or Possessions."

[18] Hier wird also mittels Naturrechts begründet, nicht mit irgendeiner Variante von Menschenwürde. Wir sehen anhand der *Virginia Bill of Rights*, dass sich die Begründungsmuster für die Menschenrechte in den Präambeln oder ersten Artikeln nicht geändert haben, wenn wir diese frühe Menschenrechtserklärung mit denen des 20. Jahrhunderts vergleichen.

[19] Die *Virginia Bill of Rights* geht allerdings weit über Lockes Ideenwelt hinaus. Seine Philosophie und die den englischen Freiheitsdokumenten des 17. Jahrhunderts zugrunde liegenden Rechtsvorstellungen sind in die Vergangenheit gerichtet (siehe Präambel der *Bill of Rights* von 1689): „Ihre Verfasser wollen alte Rechte und Freiheiten zurückerkämpfen. Die Virginia Bill of Rights blickt (Artikel 1) in die Zukunft und will *späteren* Generationen bestimmte Rechte garantieren." (Pietzker 1981, S. 17)

Es geht auch in den weiteren Artikeln vorwiegend um die Postulierung von Freiheitsrechten, wenn überhaupt von Rechten die Rede ist. Hauptsächlich ist die *Virginia Bill of Rights* ein Verfassungsdokument und in diesem Punkt stark von Montesquieu[20] beeinflusst. Der Menschenrechtskatalog beginnt in der Mitte des Dokuments. Es handelt sich überwiegend um Abwehrrechte, d. h. um Rechte, die den Bürger vor Zwangs- und Willkürmaßnahmen von staatlicher Seite schützen.

Die Unabhängigkeitserklärung der Vereinigten Staaten ist als Menschenrechtserklärung nicht besonders wichtig. In ihr gibt es keinen sorgfältig ausformulierten Menschenrechtskatalog.[21]

Es wird oft behauptet, dass sich in der Französischen Verfassung (*Déclaration des droits de l'homme et du citoyen* vom 27. August 1789) gegenüber der amerikanischen Unabhängigkeitserklärung nichts wesentlich Neues findet. Neu ist in jedem Fall die Berufung auf Volkssouveränität mit der ausdrücklichen Berufung auf die volonté général Rousseaus (Artikel 3 und 6).

Die fortschrittlichste Menschenrechtserklärung ist die Verfassung vom 24. Juni 1793, die nie in Kraft trat. Hier finden wir im Wesentlichen alle Klassen von Menschenrechten, wie sie erst wieder im 20. Jahrhundert formuliert werden: Gleichheit ist als wichtiger Wert in den Artikeln 2, 3 und 4 postuliert. Die Einschränkungen von Grundfreiheiten wurden beseitigt (Artikel 7). Als wirtschaftliche und soziale Rechte sind das Recht auf freie Berufs- und Arbeitswahl (Artikel 17 und 18), die Unterstützung von in Not geratenen Menschen (Artikel 21) und das Recht auf Bildung (Artikel 22) neu. Die politischen Beteiligungsrechte und das Petitionsrecht sind genau beschrieben (Artikel 29 und 32).

Damit verlassen wir den Blick auf die Geschichte und wenden uns einer weit verbreiteten Klassifikation der Menschenrechte zu.

---

[20] Artikel 5 regelt zum ersten Mal die Gewaltenteilung, wie sie in Montesqieus „De L'esprit des lois" formuliert wird.

[21] Wegen der Tatsache der Sklaverei konnten in der Verfassung keine Menschenrechte gefordert werden, die für alle Menschen gelten sollen. Die Verfassung blieb unvollständig und die Afroamerikaner bis auf weiteres rechtlos. Erst 1865 wurde die Sklaverei in einem Zusatzartikel zur Verfassung verboten, nachdem der Amerikanische Bürgerkrieg beendet war.

3.2 Das Drei-Generationen-Modell

Dieses Modell geht auf die Interpretation der Vereinten Nationen zurück (siehe Hinkmann 1996, S. 10ff.).[22] Die drei Generationen gewichten die verschiedenen Klassen der Menschenrechte (siehe auch 3.3) unterschiedlich:

1. *Westlich-liberale Auffassung*
   Bürgerliche und politische Menschenrechte werden in dieser Auffassung mit starker Akzentuierung des Individuums hervorgehoben. Menschenrechte sind zum einen Abwehrrechte des Individuums gegenüber dem Staat, also negative Freiheitsrechte. Zum anderen sind es positive Freiheitsrechte, also Anspruchsrechte gegen den Staat, der Bedingungen zur Anwendung dieser Rechte schaffen muss.
   In dieser Auffassung werden Menschenrechte vernunft- oder naturrechtlich abgeleitet und per Verfassung in Grundrechte transformiert. Der universelle Anspruch der Menschenrechte folgt aus der Freiheit jedes einzelnen Individuums. Jeder Mensch ist nicht nur frei, sondern sittlich autonom und mit Würde ausgestattet, so dass er schon durch seine bloße Existenz Menschenrechte besitzt. Weil jeder Mensch eine bestimmte Natur mit den eben genannten Merkmalen hat, kommen ihm Menschenrechte zu. Mehr noch: Menschenrechte sind hiernach moralische Rechte, die „für alle Menschen zu allen Zeiten und in allen Situationen" gültig sind (Hinkmann 1996, S. 14).
   Dieses Verständnis ist

   „insofern ein Produkt spezifisch westlicher Denkweise und Geschichtserfahrung, als sich historisch und ideengeschichtlich kein Nachweis über die Existenz des Menschenrechtsbegriffs in ausgewählten politischen Kulturen vor ihrer Berührung mit der westlichen Welt finden lässt." (Hinkmann 1996, S. 14)

2. *Kommunistisch-marxistische Auffassung*
   Hier werden wirtschaftliche, soziale und kulturelle Menschenrechte als Anspruchs- und Teilhaberechte hervorgehoben und als kollektive Klassenrechte interpretiert.

---

[22] Der Versuch, die Entwicklung der Menschenrechte drei Generationen zuzuordnen, stammt aus der Politikwissenschaft. Strukturelle Ähnlichkeiten finden wir im Motto der Französischen Revolution: Liberté, égalité, fraternité. Die Schlagwörter können in dieser Reihenfolge

Menschenrechte sind

„keine ewigen, dem Menschen als solchem angeborenen, vor- und überstaatlichen Rechte. Sie sind vielmehr ein Produkt der geschichtlichen Entwicklung von Staat und Recht und entsprechen den objektiven Bedingungen der jeweiligen Gesellschaft, ändern sich mit ihr und werden durch sie verändert." (Hinkmann 1996, S.15)

Menschenrechte sind entsprechend dem historischen Materialismus Kollektivrechte, denn

„ihre konkrete Ausgestaltung ist in der Klassengesellschaft stets Ergebnis und Ausdruck des Ringens der Klassen und ihres Kräfteverhältnisses zueinander." (Wörterbuch der Außenpolitik und des Völkerrechts; zitiert nach Hinkmann 1996, S. 24).

Da der in die Gesellschaft eingebundene einzelne Mensch nur nachrangig ist, die Gesellschaft aber vorrangig, gibt es keine individuellen Rechte. Die westlich-liberalen Menschenrechte lösen in diesem Verständnis den Menschen von seinen Verpflichtungen gegenüber der Gemeinschaft ab.

„Das Menschenrecht der Freiheit basiert nicht auf der Verbindung des Menschen mit dem Menschen, sondern vielmehr auf der Absonderung des Menschen von dem Menschen." (Marx 1982, S. 157)

Menschenrechte werden vom Staat als positive Rechte verliehen. Der Staat kann sie umformulieren und im Interesse des Gemeinwohls auch entziehen.[23]

3. *Menschenrechte der dritten Generation*

Seit den 1970er Jahren werden Rechte auf Selbstbestimmung, Frieden, Entwicklung, natürliche Umwelt und Kommunikation gefordert. Die Initiatoren sind Vertreter der Dritten Welt. Die Forderung von Rechten der

---

einer individualistischen, einer kollektivistischen oder einer solidarischen Interpretation der Menschenrechte zugeordnet werden.

[23] Während in der westlich-liberalen Konzeption die Freiheit des Einzelnen betont wird, ist es die Gleichheit, die in kommunistischer Perspektive hervorgehoben wird.
Außerdem werden Menschenrechte nicht als negative Freiheitsrechte, sondern als positive Anspruchs- und Teilhaberechte verstanden. Soziale, wirtschaftliche und kulturelle Rechte des Einzelnen sollen vom Staat garantiert werden.
Ein weiteres Unterscheidungsmerkmal besteht darin, dass die westlich-liberale Auffassung überwiegend Verbote, die kommunistische Auffassung überwiegend Gebote enthält.

dritten Generation ist mit dem Anspruch der Solidarität des Staates gegenüber seinen Bürgern verbunden.[24]

Wenn man die

> „Allgemeine Erklärung der Menschenrechten mit den beiden Menschenrechtspakten [gemeint sind der *Internationale Pakt über bürgerliche und politische Rechte* und der *Internationale Pakt über wirtschaftliche, soziale und kulturelle Rechte*] vergleicht, fällt auf, dass kollektive Rechte stärker in den Mittelpunkt rücken. In der dritten Generation setzt sich diese Entwicklung fort. Völker oder Nationen sind die primären Normadressaten von Menschenrechten." (Hinkmann 1996, S. 17)

Die Menschenrechtsfrage ist hier eng verknüpft mit den wirtschaftlichen Verhältnissen, insbesondere im Menschenrecht auf Entwicklung.

3.3 Weitere Klassifikationen der Menschenrechte

Ähnlich wie die obige Interpretation kann man einen *philosophischen* Schnitt durch die Geschichte der Menschenrechte machen und erhält dann folgende Klassen (siehe Hinkmann 1996, S. 10). In der Tabelle sind eine philosophische Richtung und ein Philosoph aufgeführt, welche die entsprechende Klasse für besonders wichtig halten. Außerdem ist der juristische Terminus der jeweiligen Klasse in der gebräuchlichen Terminologie von Jellinek (siehe Jellinek 1905) angegeben.

---

[24] Im Zusammenhang mit den Menschenrechten der 3. Generation können wir eine inflationäre Verwendung des Begriffes der Menschenrechte feststellen (Hinkmann 1996, S. 11). Diese Meinung vertritt auch Matscher, ein Jurist, der in der EMRK (Europäischen Menschenrechtskommission) beschäftigt war: „Ganz generell zeigt sich in unserer Gesellschaft die Tendenz, in jeder subjektiv empfundenen Beeinträchtigung der eigenen Rechtsperson, in jedem von unserer Rechts- und Sozialordnung nicht erfüllten Wunsch eine Menschenrechtsverletzung zu sehen. Das führt zu einer Überstrapazierung und damit zu einer Aushöhlung des Begriffs der Menschenrechte" (Matscher, in: Weiler 2000, S. 102). Er spricht z. B. von einem „Menschenrecht auf Rauchen, auf Reisen, auf Liebe, auf Drogen usw." (Matscher, in: Weiler 2000, S. 102). Noch ein kurioser Fall, den die EMRK verhandelte: Diskutiert wurde die Frage, ob die mit der Befreiung vom Feuerwehrdienst „verbundene Verpflichtung zu einer jährlichen Ersatzzahlung an die Landesverwaltung, die nur Männer trifft, nicht eine Diskriminierung der letzteren gegenüber den Frauen darstellt, die generell vom Feuerwehrdienst und damit auch von der Ersatzzahlung befreit sind [...]" (Matscher, in: Weiler 2000, S. 102).

Rechts-klasse	Vertreten von:		Beispiele für Rechte der Klasse	Juristische Bezeichnung
	Philosophische Richtung	Philosoph		
Liberale Freiheitsrechte	Liberalismus	Locke	negative Freiheitsrechte: Schutz vor willkürlicher Verhaftung, positive Freiheitsrechte: Pressefreiheit	Status negativus
Politische Teilhaberechte	(französische Aufklärungsphilosophie)[25]	Rousseau	Wahlrecht, Recht auf Gründung einer politischen Partei	Status positivus
Soziale Anspruchsrechte[26]	Kommunitarismus, Kommunismus	Walzer, Marx	Recht auf Arbeit, staatliche Fürsorge, Recht auf Entwicklung	Status activus

Tabelle 1: Klassen der Menschenrechte und ihre Vertreter

---

[25] Rousseau ist ein Philosoph der französischen Aufklärung, aber die französische Aufklärung steht nicht für diese Klasse von Menschenrechten.

[26] Zu Problemen der Begründung sozialer Menschenrechte siehe insbesondere Gosepath, in: Gosepath, Lohmann (Hg.) 1998, S. 146-187. Er weist darauf hin, dass soziale Menschenrechte zwar als wesentliche Bestandteile postuliert werden (siehe z. B. die *Europäische Sozialcharta*), aber in „kaum einer westlichen Staatsverfassung unmittelbar positives Grundrecht" (Gosepath 1998, S. 147, Fußnote 3) sind. Im GG der Bundesrepublik Deutschland werden Sozialrechte nicht als positive subjektive Rechte formuliert, sondern in Staatszielbestimmungen (Art. 29, Abs. 1 und Art. 28 Abs. 1). „Unmittelbare subjektive öffentliche Leistungsrechte formuliert das Sozialgesetzbuch und das Bundessozialhilfegesetz." (Gosepath 1998, S. 147, Fußnote 3)

Der Schweizer Entwurf sieht soziale Rechte als Grundrechte vor und ist der einzige mir bekannte derartige Entwurf.

Carl Schmitt (1965, S. 170) hat die Freiheitsrechte des Menschen im Staat noch einmal aufgefächert:

1. Freiheitsrechte des isolierten Individuums: Gewissensfreiheit, persönliche Freiheit, Privateigentum, Unverletzlichkeit der Wohnung, Briefgeheimnis.
2. Freiheitsrechte des Einzelnen in Verbindung mit anderen Einzelnen: freie Meinungsäußerung, Redefreiheit, Pressefreiheit, Kultfreiheit, Versammlungsfreiheit, Koalitionsfreiheit.
3. Rechte des Einzelnen im Staat als Staatsbürger: Gleichheit vor dem Gesetz, Petitionsrecht, gleiches Wahl- und Stimmrecht, gleicher Zugang zu den öffentlichen Ämtern.
4. Rechte des Einzelnen auf Leistungen des Staats: Recht auf Arbeit, Recht auf Fürsorge und Unterstützung, Recht auf Erziehung, Ausbildung und Unterricht.

Die folgende, intuitiv plausible Einteilung der Menschenrechte erfolgt gemäß den Bereichen des Menschen, die Menschenrechte hauptsächlich betreffen, d. h. mindestens schützen sollen.

1. Menschenrechte der körperlichen Person: Recht auf Leben, auf Unversehrtheit der Person, sowie implizit Recht auf Erfüllung minimaler sozialer und materieller Grundbedürfnisse;
2. Menschenrechte der geistigen Person: Rechte auf Gewissens-, Meinungs- und Redefreiheit, Recht auf Religionsfreiheit;
3. Menschenrechte der politisch-sozialen Person. Sie beziehen sich auf ein Rechtsstaatsprinzip, das an pluralistische, offene Gesellschaften sowie an das Prinzip der Gewaltenteilung gekoppelt ist.

Insofern Rechte Abwehrrechte gegenüber dem Staat sind, deren Gewährleistung durch Unterlassen von Eingriffsakten des Staates sichergestellt werden kann, sind diese Rechte unabhängig von materiellen Bedingungen und könnten am ehesten als universelle Praxis etabliert werden.

3.4 Was sind Menschenrechte? Explikationen

Arndt weist am Anfang ihrer Arbeit (siehe Arndt 2000, S. 26-41) auf die unterschiedlichen und widersprüchlichen Definitionsversuche des Begriffs „Menschenrechte" hin.[27] Ich möchte die Schwierigkeiten aufzeigen, eine auch schenrechte" hin.[27] Ich möchte die Schwierigkeiten aufzeigen, eine auch nur brauchbare Definition zu finden, indem ich einige Vorschläge kritisiere. In einem zweiten Schritt nenne ich ein Beispiel für eine akzeptable Definition (siehe dazu Wildt, in: Gosepath, Lohmann 1998, S. 124-145).

Eine erfreulich kurze Definition gibt Cranston: „Menschenrechte sind diejenigen moralischen Rechte, die für alle Zeiten für alle Menschen gelten" (zitiert nach Hinkmann 1996, S. 40). Aus zwei Gründen ist sie nicht geeignet: Der universelle Anspruch ist zu hoch. Nur in einer ahistorischen Sichtweise, die vernachlässigt, dass z. B. historische Entwicklungen einige Menschenrechte überflüssig machen, kann man von Menschenrechten sprechen, die für alle Menschen *zu allen Zeiten* gelten.

Der zweite Einwand betrifft die Festlegung auf *moralische Rechte*. Hier werden juristische Aspekte der Menschenrechte schnell vernachlässigt. Menschenrechte sind auch moralische Rechte, aber eben nicht ausschließlich moralische Rechte.

Eine gebräuchliche Definition der Idee der Menschenrechte, die zugleich den Begriff expliziert, liefert Volkmann-Schluck (siehe Volkmann-Schluck 1981, S. 178):

> „Menschenrechte sind Rechte, die jedem Menschen, sofern er ein Mensch ist, und deshalb allen Menschen in gleicher Weise zukommen. Sie entstammen daher dem, was jeden Menschen als Menschen auszeichnet, dem Menschsein selbst oder dem Wesen des Menschen."

Diese Definition klingt analytisch, ist es aber nicht. Sie hat mehrere Schwächen (Wildt, in: Gosepath, Lohmann (Hg.) 1998, S. 136): Erstens ist das Folterverbot nicht allein in dem begründet, was jeden Menschen zum Menschen macht, sonst könnte es nicht für Tiere gelten. Tatsächlich ist Tierquälerei moralisch geächtet und juristisch verboten. Die Definition ist also speziezistisch. Der Einwand ist nur möglich, weil die Definition unnötigerweise gleich eine Begründung enthält.

> „Für Menschenrechte ist es zunächst nur definitorisch, dass sie strikt allen Menschen zukommen. Ob es Gründe gibt, gleichartige Rechte auch Tieren zuzusprechen, ist eine andere Frage." (Wildt, in: Gosepath, Lohmann (Hg.) 1998, S. 136)

---

[27] Die Begriffsgeschichte reicht bis zu Cicero und Seneca zurück, die von einem „ius hominum" bzw. „ius humanum" sprechen. Es ist umstritten, ob damit einfach nur eine Unterscheidung zwischen den menschenverfassten Gesetzen und den natur- und gottgegebenen Gesetzen getroffen werden sollte oder ob es sich um Menschenrecht in einem ähnlichen Sinn wie im 18. Jahrhundert handelt (siehe Pietzker 1981, S. 7).

Zweitens legt sich Volkmann-Schluck auf eine naturrechtliche Begründung fest. In der Definition „entstammen" Menschenrechte dem, „was jeden Menschen als Menschen auszeichnet." Volkmann-Schluck geht also von der Existenz angeborener oder natürlicher Rechte aus.

Engere Definitionen fassen den Begriff der Menschenrechte schnell zu eng:

> „Bei den Menschenrechten geht es um den Schutz und die Befriedigung von fundamentalen Interessen und Bedürfnissen. Ein Interesse oder Bedürfnis ist fundamental, wenn seine Verletzung oder Nichtbefriedigung entweder den Tod oder schweres Leiden oder den Kernbereich der Autonomie betrifft." (Alexy, in: Gosepath, Lohmann (Hg.) 1998, S. 251)

Diese Definition umfasst insbesondere soziale Rechte, auch liberale Abwehrrechte. Sie schließt aber, nach üblichen Auffassungen darüber, was Autonomie heißt, bestimmte Rechte nicht ein. Das Wahlrecht, also ein bestimmtes politisches Teilhaberecht, oder das soziale Anspruchsrecht auf Arbeit zählen nach dieser Definition dann nicht zu den Menschenrechten.

Ein Beispiel für eine akzeptable Definition

Wildt (in: Gosepath, Lohmann (Hg.) 1998, S. 142) schlägt Folgendes vor:

> „Menschenrechte im strengen Sinn subjektiver Rechte sind vielmehr genau die generellen und nicht erworbenen Rechte, von denen moralisch berechtigt gefordert werden kann, dass sie schon allein mit juridischen Mitteln durchgesetzt werden können, so dass ihre Berücksichtigung nicht den Kontingenzen des politischen Mehrheitswillens überlassen bleibt."

Wildt räumt ein, dass manche Rechte aus dieser Explikation nicht ableitbar sind. Aber er behauptet, dass die juridische Geltung einer Norm im Rahmen einer universalistischen Moral genau dann moralisch legitim gefordert werden kann, wenn es in einem Zustand basaler Gleichheit aller für alle zweckmäßig wäre, wenn diese Norm juridisch institutionalisiert würde.

Diese Definition ist deswegen brauchbar, weil sie Zusammenhänge zwischen Moral und Recht voraussetzt, die ihrerseits zutreffen (siehe dazu 5.4.5). Sie ist zweifellos durch die Forderung einer universalistischen Moral und eines Zustandes basaler Gleichheit mit starken Prämissen verbunden.

Was unterscheidet Menschenrechte strukturell von anderen Rechten?

Auch andere Rechte haben einige der folgenden Strukturmerkmale, aber ausschließlich Menschenrechte tragen alle diese Merkmale. Ich nenne Vorschläge für Strukturmerkmale, um auf Schwierigkeiten bei der Begründung von Menschenrechten hinzuweisen, die schon entstehen, wenn man akzeptiert, dass einige Menschenrechte diese Merkmale haben. Außerdem können wir Schwierigkeiten einer Hierarchisierung besser lösen, wenn wir sehen, dass einige Menschenrechte fundamentaler sind als andere. Abhängig davon also, welche Menschenrechte uns besonders wichtig sind, werden wir mit unterschiedlich großem Aufwand ihre (universelle) Geltung begründen.

Wenn von Menschenrechten die Rede ist, werden ihnen mindestens folgende drei Eigenschaften zugeschrieben (siehe Lohmann, in: Lohmann, Gosepath (Hg.) 1998, S. 63f.):

1. Ihrer formalen Struktur nach gelten Menschenrechte für alle Menschen, sie sind also *universell*.
2. Sie gelten für alle in gleicher Weise, sind also *egalitär*.
3. Sie können keinem Menschen abgesprochen werden, gelten also *kategorisch*.

Obwohl die übliche Menschenrechtsrhetorik mit diesen Eigenschaften von Menschenrechten arbeitet, sind alle Strukturmerkmale problematisch:

Nicht alle Merkmale gelten für alle Menschenrechte. Wahlrechte gelten für alle Staatsbürger und nicht für alle, die in dem betreffenden Staat wohnen.

Nicht alle Menschenrechte gelten für alle in gleicher Weise: Säuglinge haben weniger Mitbestimmungsrechte als Kinder oder Erwachsene.

Menschenrechte können Menschen abgesprochen werden. Zum Beispiel können alte oder psychisch schwer kranke Menschen entmündigt werden, wodurch einige ihrer Freiheitsrechte und andere Rechte eingeschränkt werden.[28]

Wir haben jetzt einen Überblick des Menschenrechtsbestandes, einen Einblick in gebräuchliche Klassifikationen der Menschenrechte und eine Vorstellung davon, was Menschenrechte auszeichnet. Damit haben wir das Rüstzeug zur Begründung der Menschenrechte.

---

[28] Alexy (in: Gosepath, Lohmann (Hg.) 1998, S. 244-254 und Alexy 1994, S. 171ff.) schlägt die Einteilung der Menschenrechte in 1. Rechte auf etwas, 2. Freiheiten und 3. Kompetenzen vor. Diese haben die Strukturmerkmale Universalität, moralische Geltung, Fundamentalität, Priorität und Abstraktheit. Alle vorgeschlagenen Strukturmerkmale sind problematisch.

4 Fähigkeiten und Funktionen als Grundlage der Menschenrechte? Universelle Begründungsstrategien

Die universellen Begründungsstrategien, die in diesem Kapitel vorgestellt werden, begründen Menschenrechte *nicht* als Rechte, die in der Ausprägung oder Ausübung charakteristischer menschlicher Fähigkeiten und Funktionen bestehen. Menschenwürde als Begründungsinstanz (4.1) tritt als eine Art Supernorm auf, deren Befolgung eine oder *die* Voraussetzung für den Besitz der Menschenrechte ist. Vertreter eines Naturrechts[29] (4.2) begründen Menschenrechte durch ihre Ableitung aus der Beschaffenheit der Welt oder der Menschen, die Naturrechte deshalb, d. h. wegen der Beschaffenheit der Welt, erkennen können. Kant (4.3) begründet als Vertreter eines transzendental-vernunftrechtlichen Naturrechts Menschenrechte über ein besonderes Vermögen der menschlichen Vernunft.

Da alle drei Begründungsstrategien universelle Geltung beanspruchen, möchte ich zuvor noch die Frage besprechen, auf welcher Seite die Begründungslast liegt: Liegt sie auf der Seite der Partikularistin oder auf der Seite des Universalisten?

Die Frage nach der Begründungslast

Wer etwas begründen möchte, sollte nicht nur sagen, was und wie er es begründet. Auch kann danach gefragt werden, welche von zwei widerstreitenden Positionen begründungsbedürftiger ist. Wer Menschenrechte universell[30] begründen möchte, hat mindestens zwei Aufgaben: Er muss nämlich darlegen, warum er Menschenrechte universell und nicht etwa partikular begründen möchte, und er muss natürlich sagen können, für welche Menschenrechte er eine universelle

---

[29] Tönnies 2001 überschreibt einen Abschnitt mit „Universalismus statt Naturrecht" (Teil 1, Kapitel 1, Abschnitt I (S. 15-18). Sie plädiert für eine Ersetzung des Begriffs „Naturrecht" durch den Begriff „Universalismus". Gleichwohl ist der Begriff „Naturrecht" erstens noch gebräuchlich und zweitens ist die von Tönnies diagnostizierte Ersetzung des Begriffs „Naturrecht" durch „Universalismus" schon das Resultat einer Kritik.

[30] Zur Frage des Universalismus in der Ethik siehe auch Hösle 1997, S. 146-153. Hösle macht die Gemeinsamkeiten (Generalisierungspostulat, moralische Gleichwertigkeit) aller universalistischen Ethiken deutlich, die erst in der Neuzeit entstanden sind. Vorläufer universalistischer Ideen finden wir in Gerechtigkeitsideen, wie sie z. B. der aztekische Herrscher Moctezuma II. bei seinem Sturz zeigte. Natürlich vertrat dieser Monarch keine universalistische Moral. Siehe außerdem Horster 1999, S. 63-72.

Begründung hat.[31] Die erste Frage betrifft die Begründungslast. Hier muss der Universalist der Partikularistin zeigen, dass universelle Begründungen möglich sind. Warum die Beweislast diese Richtung hat, möchte ich noch vor der Diskussion universeller Begründungsstrategien darstellen.

Baurmann verweist auf die Modernität universeller Moralsysteme (Baurmann 1997, S. 66) und darauf, dass die Mehrzahl der Moralsysteme partikular ist.

> „Das *Erstaunen* aber sollte sich darauf richten, dass solche Handlungsweisen [gemeint sind Handlungsweisen wie ethnische Säuberungen in Ex-Jugoslawien, die extreme Auswirkungen partikularer Moralvorstellungen sind; Anmerkung des Autors] zumindest in einigen Gesellschaften überwunden waren und eine universalisierte Moral nicht nur als Lippenbekenntnis praktiziert wurde. Gemessen am durchschnittlichen Verlauf der menschlichen Geschichte muss es sich um eine ungewöhnliche und unwahrscheinliche Konstellation handeln, die diese zivilisatorische Leistung ermöglichte. [...] Das Explanandum ist daher zunächst nicht die *Partikularisierung* der Moral, sondern ihre *Universalisierung*." (Baurmann 1997, S. 72)

Wir müssen also die Universalisierbarkeit von Moral erklären, weil sie etwas Seltenes, Ungewöhnliches und Erstaunliches ist.[32]

Paul (in Göller (Hg.) 1999, S. 23f.) nennt die rein kombinatorisch möglichen Begründungsstrategien:

1. Letztbegründungen sind nur a priori möglich und können weiter unterschieden werden:

---

[31] Weitere Fragen schließen sich an. Ein Beispiel: Warum lassen sich einige Menschenrechte leichter als andere universell begründen? Antwort: Einige Menschenrechte sind elementarer als andere.

[32] Baurmann hält innerhalb eines individualistischen Erklärungsmodells die Forderung einer Minimalmoral für realistisch. In einem System aus Moralinteressenten, Moraladressaten und Normgaranten muss wegen starker Kräfte, die der Entstehung einer universalisierten Moral entgegenwirken, bezweifelt werden, ob Baurmann mehr als eine universalisierte Kernmoral erklären kann. Die Kernmoral gilt nicht für „Heilige und Helden", sondern ist „an Alltagsmenschen gerichtet". Ohne die Forderungen der Minimalmoral kann „keine Gesellschaft dauerhaft" bestehen. „Die Verbote zu töten, zu verletzen, zu rauben, zu stehlen, zu betrügen und zu lügen gehören ebenso hierher wie die Gebote zur Nothilfe, zur Vertragstreue und zu einer fairen Beteiligung an gemeinsamen Aufgaben. Auch für eine solche Kernmoral trifft zu, dass sie von ihren Adressaten Verzicht und Opfer verlangt, denn es kann durchaus im Interesse eines Menschen sein, zu töten, zu rauben, zu betrügen oder sich vor gemeinsamen Pflichten zu drücken." (Baurmann 1997, S. 73)

a) Sie sind Ausdruck religiösen Glaubens. Diese Möglichkeit steht argumentativ auf schwachen Füßen wegen der Fragwürdigkeit der Existenz Gottes (siehe Vollmer 1995, S. 168-184).[33]

b) Menschenrechte gelten als objektive Entitäten (etwa als platonische Ideen), die prinzipiell von Menschen erkannt (erschaut) werden können, z. B. durch Scheler'sche oder Hartmann'sche Werteschau. Auch Formen des Neokonfuzianimus gehen von einer ähnlichen Position aus.[34]

c) Sie sind Ausdruck moralischer Werte und Normen. Die transzendentale Variante Kants wird in 4.3 besprochen.

2. Wer Letztbegründungen ablehnt, kann Menschenrechte nur noch hypothetisch und vorläufig begründen[35]. Ein Zweifler an der Begründbarkeit der Menschenrechte muss sich dann auf Voraussetzungen einlassen, die man schon vor der Begründung der Menschenrechte braucht. Die wichtigste Prämisse für die Begründung von Menschenrechten ist, dass Argumente und insbesondere logische und empirische Argumente entscheiden sollen. Wer keine Argumente akzeptiert, den kann man allerdings auch nicht mit Argumenten dazu bringen. Dieser Versuch wäre fruchtlos.

Bevor in Kapitel 5 eine Begründungsstrategie auf der Grundlage von Fähigkeiten vorgestellt wird, werden in diesem Kapitel andere wichtige Wege dargestellt und kritisiert. Die Menschenwürde (4.1) tritt oft im Gewand einer Letztbegründung auf. Naturrecht (4.2), insofern es ein göttliches Naturrecht ist, beansprucht ausdrücklich, letztbegründet zu sein, und auch Kant (4.3) konzipiert Recht als letztbegründetes Recht.

---

[33] Es genügt bereits, rational begründete Zweifel an der Existenz Gottes zu haben, um ein starkes religiöses Prinzip als Begründungsinstanz abzulehnen.

[34] Paul (in: Göller 1999, S. 23, auch Fußnote 9) nennt Li xue, die „Schule des Prinzips", die Philosophie Wang Yangmings (1472-1529) und den einflussreichsten Repräsentanten der modernen neokonfuzianischen Richtung, Mou Zongsan (1909-1995), als Beispiele.

[35] Als Variante einer hypothetischen Begründung, die mit dem Anspruch einer apriorischen Begründung auftaucht, nennt Paul die transzendentalpragmatische Begründung. Hierbei handelt es sich in der Version Höffes allerdings um eine empirische Theorie, insbesondere im anthropologischen Teil (siehe Höffe, in: Kerber 1991, S. 15-36).

4.1 Menschenwürde

Aus der Ideengeschichte der Menschenwürde werden ihre Charakteristika herausgearbeitet. Im Anschluss daran möchte ich Folgendes zeigen: Für die *universelle* Begründung von Menschenrechten ist die Bezugnahme auf Menschenwürde unbrauchbar, weil sie weltanschaulich oder metaphysisch aufgeladen ist. Hinzu kommt, dass die Konzepte der Menschenwürde – gemessen am Aufwand – wenig leisten.

4.1.1 Menschenwürde als höchster Rechtswert

Die Menschenrechte werden als extrem wichtig angesehen. In der *Charta der Vereinten Nationen* ist davon die Rede, „die Achtung vor den Menschenrechten und Grundfreiheiten für alle ohne Unterschied der Rasse, des Geschlechts, der Sprache oder der Religion zu fördern und zu festigen [...]"[36] (Art. 1 Ziffer 3). Der höchste Rechtswert, der Begriff, der in allen Präambeln auftaucht und der Menschenrechte begründen oder fundieren soll, ist Menschenwürde.[37] Oft scheint es so, als haben alle Menschen *wegen* ihrer unveräußerlichen und nicht verlierbaren Menschenwürde den Anspruch auf Menschenrechte.

In der am 10. Dezember 1948 von der Generalversammlung der Vereinten Nationen verkündeten *Allgemeinen Erklärung der Menschenrechte* heißt es laut Artikel 1: „Alle Menschen sind frei und an Würde und Rechten gleich geboren." In der Präambel dieser Erklärung heißt es:

> „Da die Anerkennung der allen Mitgliedern der menschlichen Familie innewohnenden Würde und ihrer gleichen und unveräußerlichen Rechte die Grundlage der Freiheit, der Gerechtigkeit und des Friedens bildet, [...] verkündet die Generalversammlung die vorliegende Allgemeine Erklärung der Menschenrechte als das von allen Völkern und Nationen zu erreichende Ideal [...]" (Heidelmeyer 1999, S. 225).

---

[36] Die Förderung und Festigung der Menschenrechte war neu: In der Völkerbundsatzung findet sich keine Passage, die ausschließlich auf die Menschenrechte abzielt.

[37] Die These, Menschenwürde sei in historischer Perspektive den Menschenrechten vorgeordnet, steht auf tönernen Füßen. In den Erklärungen der Menschenrechte und in den Verfassungen spielt die Menschenwürde bis ins 19. Jahrhundert keine Rolle, weil Menschenrechte dort naturrechtlich begründet werden (siehe 3.1).

Zwischen der Würde und den daraus folgenden Leitlinien gibt es also einen Begründungszusammenhang. Menschenwürde wird als Grundlage für Freiheit, Gerechtigkeit und Frieden bezeichnet. Noch deutlicher ist das Grundgesetz. Auf Art.1, Abs. 1: „Die Würde des Menschen ist unantastbar" folgt Absatz 2 mit den Worten: „Das Deutsche Volk bekennt sich darum zu den unverletzlichen und unveräußerlichen Menschenrechten [...]"

Auch in anderen Rechtstexten wird der menschlichen Würde eine herausragende Bedeutung beigemessen: In der am 26. Juni 1945 verabschiedeten *Charta der Vereinten Nationen* heißt es in der Präambel, dass

> „die Völker der Vereinten Nationen fest entschlossen [sind] [...], unseren Glauben [...] an Würde und Wert der menschlichen Persönlichkeit [...] erneut zu bekräftigen."

Der vollständige 1. Absatz des 1. Artikels des Grundgesetzes der Bundesrepublik Deutschland lautet: „Die Würde des Menschen ist unantastbar. Sie zu achten und zu schützen, ist Verpflichtung aller staatlichen Gewalt." Die Achtung der Menschenwürde geht mit der Forderung nach Einhaltung der Menschenrechte in Rechtstexten einher. Mehr noch scheint Menschenwürde ein Fundament, eine Begründungsinstanz für Menschenrechte zu sein. Sie ist den Menschenrechten ebenso vorgeschoben wie übergeordnet. Sie ist der höchste Rechtswert: Nach Art. 79 Abs. 3 des Grundgesetzes gehört die Menschenwürde zum Kernbestand der Verfassungsordnung. Dort heißt es, dass die Menschenwürde niemals durch Verfassungsänderungen berührt werden darf. Sie hat höheren Rang als alle demokratischen Entscheidungen und ist tragendes Prinzip unserer Verfassung. Gerade weil die Menschenwürde einerseits so basal erscheint, andererseits aber selten explizit oder gar begründet wird und weil von ihr die Begründungen der Menschenrechte abhängen, sollten wir nachfragen, woher sie kommt und worauf sie sich gründet.

Der Begriff der Menschenwürde klingt ebenso erhaben, wie er unbestimmt ist. Worauf lässt sich das schöne Wort stützen? Ist die Menschenwürde ein Sprachgebilde, das sich, wie Wetz es nennt, als „Präambellyrik" oder „Fassadenornamentik" (Wetz 1998, S. 11) erweist?

Um eine Bestimmung der Menschenwürde zu leisten, die einerseits nicht dogmatisch und andererseits nicht willkürlich ist, die gut begründet werden kann, allgemeingültig ist, die dem Pluralismus des modernen Staates wie einer multikulturellen Weltöffentlichkeit Rechnung trägt, lohnt sich ein Blick in die Ideengeschichte. So erfahren wir, welche Konzepte der Menschenwürde es gegeben hat und auch, welche heute nicht mehr aufrechtzuerhalten sind.

4.1.2 Ideengeschichte der Menschenwürde

In der Geschichte des Würdebegriffs[38] gibt es zwei große unterschiedliche Richtungen. Sie unterscheiden sich dadurch, in welchem *Sinn* Menschen Würde haben:

Als *Seinsbestimmung* oder Wesensmerkmal besitzt jeder Mensch Menschenwürde allein dadurch, dass er ein Mensch ist. Würde gilt hier als angeboren und deshalb kann kein Mensch seine Würde verlieren.

Als *Gestaltungsauftrag* ist Menschenwürde eine Aufgabe. Zur Erlangung oder zum Erhalten der schon bestehenden Würde sind nach Ansicht einiger Autoren nicht alle Menschen fähig. Wer Würde erlangt hat, der kann sie durch eigenes Verschulden auch wieder verlieren.

Dass die Idee der Menschenwürde als politisch-rechtliche Idee auf das vermeintlich aufgeklärte 18. Jahrhundert zurückgeht, ist falsch. Es trifft ebenfalls nicht zu, dass es die Idee der universellen Menschenwürde „schon immer", insbesondere schon in der Antike gegeben habe.

4.1.2.1 Griechische und Römische Antike

Wie fern die Idee einer unverlierbaren Menschenwürde dem antiken Denken stand, kann man an der philosophischen Rechtfertigung für Sklaverei sehen. Menschen galten danach als Sachen und nicht als individuell verschiedene Wesen. Des Weiteren erkannte beispielsweise Aristoteles Frauen, Kinder und alle, die nicht durch Herkunft oder Besitz am öffentlichen Leben der Polis teilnehmen konnten, nicht als vollwertige Menschen an. Die Mehrzahl der antiken Philosophen bestritt die Tatsache, dass alle Menschen die gleiche Würde haben ebenso wie die Behauptung, dass alle Menschen Würde als natürliche Grundausstattung

---

[38] Franz Josef Wetz 1998, gibt im 2. Kapitel „Ideengeschichte des Würdebegriffs" einen ausgezeichneten Überblick der Geschichte des Würdebegriffs von der Griechischen und Römischen Antike bis zum 20. Jahrhundert.

besitzen. Einige Menschen haben schlichtweg keinen Anspruch auf Würde. Begriffe, die mit dem Würdebegriff gemeinsame Bedeutungskomponenten haben, wie „time", „axia", „axioma", kann man mit Ehre, Wert, Ruhm oder Ansehen übersetzen. Damit sind selten Eigenschaften gemeint, sondern Ergebnisse oder Prozesse eines moralisch korrekt geführten Lebens, dessen Lohn eben Ehre, Ruhm oder Ansehen ist. Das Maß an Würde war eine Frage der sozialen Anerkennung, die abhängig von der Herkunft und den Verdiensten des Einzelnen war. Für Aristoteles ist der würdevolle Mensch derjenige, der im Stande war, das richtige Maß einzuhalten. Nur ein solcher Mensch versteht es, sich besonnen zu verhalten (siehe auch Platons Dialog *Charmides*). Würde besitzt man oder besitzt man nicht, man kann sie durch Training bei entsprechender Befähigung erlangen. Nur wenigen Menschen gelingt das.

In Ciceros Vorstellungen ist die Würde ebenso zu erwerben, aber vorrangig durch politisches und soziales Handeln, was bedeutet, dass nur Angehörige des römischen Adels die Voraussetzung zum Würdeerwerb besitzen. Das Ansehen des Einzelnen in der Öffentlichkeit spielt für den Besitz von Würde im römischen Verständnis eine zentrale Rolle. Mit dem sozialen Auf- und Abstieg war eine Zu- und Abnahme von (selbsterworbener) Würde verbunden. An anderer Stelle spricht Cicero allerdings von allgemeiner Menschenwürde als Wesenswürde. In *De officiis* heißt es, dass schon „in unserer Natur Erhabenheit und Würde" (Cicero 1964, Band 1, S. 106) liege. Wir gehen darauf im nächsten Abschnitt näher ein.

Bei den Griechen und Römern war Würde kein Wesensmerkmal, das allen Menschen von Geburt an zukam, sondern eine von wenigen Menschen errungene Eigenschaft, die man durch persönliche Anstrengung erwarb und die man, z. B. im Falle eines ausschweifenden, sittenwidrigen Lebens, verlieren konnte (Wetz 1998, S. 19f.).

4.1.2.2 Stoa, Patristik und Scholastik

Die Idee einer Wesenswürde taucht zum ersten Mal in der mittleren Stoa auf. Insofern viele Stoiker Pantheisten waren, die sich das Universum als göttlichen Ordnungszusammenhang vorstellten, hatten in ihrer Vorstellung alle Menschen an einer alles durchdringenden Vernunft teil (Wetz 1998, S. 20). Diese Vorstellung einer Weltseele lässt sich bis zu Heraklit zurückverfolgen.

Cicero spricht immer wieder von der Würde des Menschen, die aus seiner bevorzugten Stellung im Kosmos folgt. Durch den allen Menschen gemeinsamen Geist und dessen Teilhabe an der Weltvernunft zeigt sich die Würde aller Menschen. Diese Vorstellungen sind teils stoischer, teils platonischer Herkunft. Cicero schreibt, „dass wir alle teilhaben an der Vernunft" (Cicero 1964, Band 1, S. 107), und dass wir also nur deshalb wissen, „was Ordnung ist, was es ist, was sich ziemt, was das Maß in Taten und Worten ist." (Cicero 1964, Band 1, S. 14). Da uns die Fähigkeit zur Willensbildung und zum Denken grundsätzlich von den Tieren unterscheidet, leitet Cicero daraus eine wirkmächtige Vorrangstellung der Menschen über alle anderen Lebewesen ab: Die Geschichte der Würdeidee geht einher mit einem Speziezismus, denn aus der Privilegierung jedes Einzelnen gegenüber allen Tieren folgt die Notwendigkeit der Würde der ganzen Gattung Mensch (Wetz 1998, S. 21).

Seit der frühen Patristik und bis zum Ende des Mittelalters, also während ca. 1000 Jahren, wurde aus der Gottebenbildlichkeit und der Erlösungstat Christi auf die Vorrangstellung und insbesondere auf Würde als Wesensmerkmal geschlossen. Wenn man dann noch die Diesseitsfeindlichkeit in den Äußerungen frühchristlicher Apologeten und anderer christlicher Autoren des frühen Mittelalters berücksichtigt (Hilarius von Poitiers, Minucius Felix, Papst Gregor VII, Ambrosius u. a.), dann kann man leicht die Verurteilung einer im Diesseits erworbenen Würde verstehen (Wetz 1998, S. 22f.).

Noch deutlicher schreibt Gregor von Nyssa, dass die zur Herrschaft über die Welt ausgewählte Menschenseele aufgrund ihrer Gottebenbildlichkeit und Unsterblichkeit königliche Würde besitzt:

> „So ward die menschliche Natur, als sie zur Herrschaft über alles andere ausgestattet wurde, durch ihre Ähnlichkeit mit dem König des Alls als lebendiges Bild aufgestellt, das mit dem Urbild sowohl die Würde wie den Namen gemein hat. [...] So zeigt sie [gemeint ist die menschliche Natur, Anm. des Autors] sich durchaus in der Würde des Königtums als getreue Nachbildung der urbildlichen Schönheit." (Pöschl 1989, S. 47)

Gott lässt die Sterblichen durch die Schöpfung nach göttlichem Vorbild an seiner Vernunft und Macht teilhaben (Gottebenbildlichkeit). Der Mensch soll wegen dieser Gottebenbildlichkeit über alle anderen Kreaturen herrschen. Noch mehr:

„Als Gottes Kind besitzt er absoluten Wert, wodurch er sich von den anderen Kreaturen unterscheidet. Aus dem Naturzusammenhang herausragend, wohnt er in der Mitte des Alls, das für ihn und um seinetwillen erschaffen wurde. Besonders aber zeigt sich seine Würde und Erhabenheit an der Menschwerdung Gottes und Erlösungstat Christi, das heißt daran, dass Gott selbst Fleisch wurde, um die Menschen durch Tod und Auferstehung zu erlösen. Weitere Adelszeichen sind der aufrechte Gang, der freie Wille und die Unsterblichkeit der vernunftbegabten Seele." (Wetz 1998, S. 24)

Die Bedeutung der Würde darf allerdings nicht überschätzt werden. Für Thomas von Aquin war Würde eine Eigenschaft, die einer Sache um ihrer selbst willen zukommt: „Würde steht für sich und gehört zum Wesen." (Thomas von Aquin 1934ff., Band I, 42, 4)

Der letzte Grund der Würde liegt aber in der Personalität:

„In der gesamten Natur bezeichnet Person das, was am vollkommensten ist. Der Name Person ist gegeben, um diejenigen zu bezeichnen, die Würde haben." (Thomas von Aquin 1934, Band I, 29, 3)

In eine ähnliche Richtung gehen Alexander von Hales und Philipp der Kanzler. Würde zeigt sich sowohl in der inneren Natur des Menschen als auch in einem von außen herangetragenen Heilsereignis, an dem alle Menschen teilhaben: „Die Erlösung durch das Leiden Christi, woran der Mensch erkennt, wie sehr Gott ihn liebt, verleiht ihm höchste Würde." (Thomas von Aquin 1934ff., Band III, 46, 3)

Im christlich-metaphysischen Verständnis sind also drei Elemente enthalten:

1. Die Vorstellung vom Menschen als Geschöpf Gottes, das wegen seiner Gottebenbildlichkeit vor allen anderen Geschöpfen Vorrang und insbesondere Würde hat.

2. Die Vorstellung des Menschen als Person, auf die seine Vernunft und Freiheit hindeuten (auch hier ist der Mensch einzigartig). Niemandem sonst kommen diese Eigenschaften zu.

3. Die Vorstellung vom Menschen als erlösungsbedürftiges Wesen, das durch das Leiden Jesu und dessen Auferstehung Würde erlangt.

Die Idee einer allgemeinen Menschenwürde im Sinne eines unverlierbaren Wesensmerkmales entstammt der abendländischen Metaphysik, ist stoisch-christlicher Herkunft und kann ohne einen theologischen Deutungshorizont nicht verstanden werden.

4.1.2.3 Humanismus und Renaissance

Im Gegensatz zu den oben zitierten Autoren des Mittelalters gewinnt die Idee der Menschenwürde an Bedeutung. Bücher tragen „Würde" im Titel: Facio, Manetti, Pico della Mirandola, Boaistuaus, Pérez de Olivas[39] und andere schreiben begeistert von der *dignitas hominis*. Während noch Lotario de Segni, der spätere Papst Innozenz III., die Armseligkeit und Nichtswürdigkeit allen menschlichen Strebens und Handelns in seinem Buch „Über das Elend des menschlichen Daseins" sehr deutlich beschreibt, steht bei vielen Autoren der Renaissance als Gegenpol zur *miseria hominis* (zum Elend des Menschen) die Erhabenheit des Menschen im Vordergrund.

An der Basis zur Beurteilung des menschlichen Daseins hatte sich nicht viel geändert. Ähnlich wie mittelalterliche Autoren lasen die Humanisten des 14. bis 16. Jahrhunderts die Würde des Menschen an dessen Gottebenbildlichkeit, seiner Vernunft und Freiheit, seiner Stellung im All, der Unsterblichkeit seiner Seele und an der Wohlgeformtheit seines Körpers ab. Der letzte Aspekt ist allerdings neu. Hymnisch preist Petrarca die Fähigkeiten und die Einzigartigkeit des Menschen. Auch er sieht seine Gebrechlichkeit, Vergänglichkeit und sein Leiden. Das Wesen des Menschen besteht allerdings in der Wahrnehmung der nur Menschen zukommenden ausgezeichneten Fähigkeiten: So viele Künste beherrscht der Mensch, Talent, Gedächtnis, Vernunft, Unsterblichkeit der Seele, sinnenfreudiges Erleben der Natur, aufrechte Haltung, die ihn zur Himmelsbetrachtung befähigt und vieles mehr. Für Ficino ist der Mensch schlicht die Weltmitte, das Zentrum der Natur. Manetti und Pico della Mirandola gingen so weit, den menschlichen Körper als vollkommen anzusehen und in seiner Existenz einen Gottesbeweis zu sehen. Die Übersteigerung der Würdeidee erreicht einen Höhepunkt, wenn Petrarca und Manetti den Menschen einen „Gott" nennen (Petrarca 1988, S. 195).

Eine Ausnahme stellt Montaigne dar. Er weist stärker als die vorher genannten auf die Nichtigkeit des Menschen hin und auf seinen eher bescheidenen Platz im Universum:

---

[39] Ihre Schriften tragen Titel wie „Über die Würde und Erhabenheit des Menschen" (Facio und Manetti), „Rede über die Würde des Menschen" (Pico della Mirandola), „Kurze Abhandlung über die Erhabenheit und Würde des Menschen" (Boaistuaus), „Dialog über die Würde des Menschen" (Pérez de Oliva).

"Die Anmaßung ist unsere natürliche Erbkrankheit. Das unglückseligste und gebrechlichste aller Geschöpfe ist der Mensch, und allzumal das hoffärtigste. Er sieht und fühlt sich hienieden im Kot und Auswurf der Erde hausen, in den übelsten, abgestorbensten und vermodertsten Winkel des Alls ausgesetzt und angeschmiedet [...]; und geht hin und setzt sich in seiner Einbildung über den Mondkreis und macht den Himmel zum Schemel seiner Füße. Aus dem Hochmut dieser gleichen Einbildung kommt, daß er sich Gott gleichstellt, daß er sich göttliche Eigenschaften beimisst, daß er sich auserlesen dünkt und vom großen Haufen der anderen Geschöpfe absondert." (Montaigne 1953, S. 432)

Größe und Elend stellt Pascal gleichermaßen etwa 100 Jahre nach Montaigne heraus. Der Mensch als Naturwesen ist unbedeutend, als Vernunftwesen ist der Mensch aber groß (Pascal 1953, Fragment 347). Die Würdevorstellungen des Humanismus und der Renaissance stehen weiterhin auf dem Boden der abendländisch-christlichen Metaphysik. Von der Würdeidee des Mittelalters werden die würdestiftenden Eigenschaften Freiheit, Vernunft und die unsterbliche Seele übernommen. Aus der Sonderstellung des Menschen wird stärker als im Mittelalter seine Würde begründet und diese wird in den überschwänglichsten Tönen geschildert.

4.1.2.4 Neuzeitliche Vernunftphilosophie: Pascal, Pufendorf und Kant

Pascal markiert mit seiner Betonung der Doppelnatur des Menschen als Vernunftwesen (Größe) und als Naturwesen (Elend) einen Bruch in der Ideengeschichte des Würdebegriffs. Ende des 18. Jahrhunderts wird kaum ein Autor noch auf die Gottebenbildlichkeit des Menschen und auf seine Sonderstellung verweisen, wenn er die Würde des Menschen begründet, sondern auf dessen Vernunft und Freiheit. Das liegt auch daran, dass sich die Diskussion vom theologischen in den philosophischen Horizont verschiebt. Entscheidend ist aber die Erkenntnis, dass dem Menschen nur irrtümlich eine Sonderstellung im Universum zugesprochen wurde. Die sogenannte Kopernikanische Revolution hatte mehr als die Durchsetzung der Erkenntnis zur Folge, dass die Erde nicht der Mittelpunkt des Alls ist: Sie ist – desillusioniert und kränkend – in einem potenziell unendlichen Weltall ein eher kleiner, jedenfalls nicht der wichtigste Himmelskörper, für den man ihn lange Zeit gehalten hatte. Die Stufenordnung des Universums mit dem Menschen an der Spitze konnte nicht mehr aufrechterhalten werden. Vollmer (1995, S. 43-59) und andere sprechen in diesem Zusammenhang von der ersten von vielen darauf folgenden Kränkungen des Menschen.

Pascal schreibt mit aller Deutlichkeit: „Die ganze Würde des Menschen liegt im Denken" (Pascal, Pensées, Fragment 365).

Die Frage nach der Gottesebenbildlichkeit und nach der Unsterblichkeit der Seele hätte er ebenso wie Pico della Mirandola bejaht. Beide bezogen sich nicht mehr auf diese Eigenschaften des Menschen, die ihn gegenüber anderen Lebewesen privilegierten. Bei Pico della Mirandola ist es die Freiheit des Menschen, die vor allem seine Würde ausmacht. Ähnlich wie im Mythos von Prometheus, den Platon in seinem Dialog „Protagoras" verarbeitete, erschuf Gott den Menschen wesensmäßig unbestimmt, weil er zuvor alle vorhandenen Wesensmerkmale an die anderen Lebewesen vergeben hatte. Für den Menschen blieben keine mehr übrig. Die wesensmäßige Unbestimmtheit des Menschen macht ihn frei.[40] Alle anderen Lebewesen sind determinierte Marionetten in den Händen des göttlichen Puppenspielers.

Die Betonung der Freiheit bei Pico della Mirandola und die der Vernunft bei Pascal greift Pufendorf auf. Er unterscheidet zwischen einer sittlichen und einer natürlichen Ordnung. In der sittlichen Ordnung besitzt der Mensch eine sittlich gebundene Freiheit, die im Unterschied zu den naturhaften Dingen eine eigene Würde besitzt:

> „Der Mensch ist ein Lebewesen, das nicht nur aufs eifrigste auf Selbsterhaltung bedacht ist, sondern dem auch eine ziemliche empfindliche Selbstachtung angeboren ist: Wenn diese irgendwie beeinträchtigt wird, dann pflegt er sich oft nicht weniger zu erregen als über einen seinem Körper oder seiner Habe zugefügten Schaden. Ja allein schon in dem Wort Mensch offenbart sich, dass in ihm eine besondere Würde liegt." (zitiert nach Wetz 1998, S. 38)

Die Position Kants ist durch Pufendorf teilweise dadurch vorweggenommen, dass Pufendorf bei der Begründung der menschlichen Würde nicht mehr auf die Merkmale Gottebenbildlichkeit und die Stellung des Menschen in der Welt zurückgreift, sondern auf seine Geistesgaben. Kant wird weitere 100 Jahre später die Würde des Menschen allein in der Vernunft sehen.

---

[40] In diesem Punkt ist Pico della Mirandola ein Vorläufer existenzialistischer Positionen, wie sie Sartre und Jaspers vertreten.

Dass der Mensch Bürger zweier Welten ist, war seit der Antike in weiten philosophischen Kreisen akzeptiert. Die beiden Welten entstehen aus der Unterscheidung zwischen Sinnenwelt (mundus sensibilis) und Verstandeswelt (mundus intelligibilis).[41]

Für Kant ist der Mensch als Lebewesen unter anderen Lebewesen res extensa oder ein ens naturae, ein natürliches Wesen. Er gehört ins riesige Reich der Natur, in einen unermesslich großen Kosmos. Als ens morale, als Wesen, das im Stande ist, moralisch zu handeln, als res cogitans in der Descartes'schen Redeweise, gehört er zur sittlichen Welt, die von der Welt der Natur abgekoppelt, also losgelöst ist. Kant sieht die Entbehrlichkeit des Menschen in kosmischer Perspektive, aber seine Zugehörigkeit zur Welt des Geistes adelt ihn: Er hat nicht nur ein Bewusstsein seiner selbst (Immanuel Kant 1968, Band 7, S. 127), sondern „das moralische Gesetz in [sich]" (Kant 1968, Band 5, S. 161) offenbart ein von aller Sinnenwelt unabhängiges Leben (Kant 1968, Band 5, S. 102). Kant steht in der abendländisch-christlichen Tradition, denn er bewertet den Menschen wegen seines Geistes und seiner Vernunft höher als alle Lebewesen. Entgegen dieser Tradition begründet er die Würde des Menschen nicht mehr auf seiner Gottebenbildlichkeit. Neu ist ebenfalls, welchen Stellenwert die Vernunft im Konzept der Begründung der Menschenwürde hat. Würde ist für Kant ein „unbedingter und unvergleichlicher Wert" (Kant 1968, Band 4, S. 436). Würde haben heißt, dass dem Menschen ein absoluter Wert zukommt, ein „innerer Wert" (Kant 1968, Band 4, S. 435), der unveräußerlich und unverlierbar ist. Würde ist „über allen Preis erhaben" (Kant 1968, Band 6, S. 434.0). Jeder Mensch hat folglich Anspruch auf Achtung seiner selbst, umgekehrt auch die Pflicht andere zu achten: Der Mensch „besitzt eine Würde (einen absoluten inneren Wert), wodurch er allen anderen vernünftigen Weltwesen Achtung für ihn abnötigt" (Kant 1968, Band 6, S. 434f0). Doch nicht nur gegen andere hat jeder Mensch eine Verpflichtung, auch Selbstachtung ist eine Pflicht aller Menschen. Wer sich nicht selbst achtet und vor anderen kriecht, braucht sich nach Kant nicht zu wundern, wenn er getreten wird.

Damit ist noch nicht gesagt, was diese Vernunft ist, die uns eine so starke und einzigartige Würde verleiht. Bekanntlich ist Vernunft nach Kant u. a. die Fähig-

---

[41] Eine ähnliche Zweiteilung führt Descartes mit seiner Unterscheidung zwischen res cogitans, der denkenden Substanz (Geist), und res extensa, der ausgedehnten Natur (Materie), ein.

keit zu selbstbestimmtem moralischen Handeln. Sittlich gebundene Freiheit, bei Kant Autonomie, ist „der Grund der Würde der menschlichen und jeder vernünftigen Natur" (Kant 1968, Band 4, S. 436). Menschen können sich in Selbstbestimmung zum Gehorsam gegen ein Sittengesetz verpflichten, weil sie sittlich autonom handeln können.

Hier verbindet Kant Freiheit mit Moralität. Kant möchte gerade kein schrankenloses, individuelles Verhalten. Freiheit ist gezügelte, selbstbestimmte Freiheit. Wer seinen Trieben und Leidenschaften nachgibt, handelt fremdbestimmt und nicht im kantischen Sinn moralisch. Ein moralischer Mensch orientiert sich vor der Zustimmung zu einem Sittengesetz daran, ob auch alle anderen Vernunftwesen diesem Gesetz zustimmen können. Spätestens an dieser Stelle wird deutlich, dass, ähnlich wie für Pufendorf, Pascal und die genannten Philosophen der Renaissance, Würde sowohl ein Gestaltungsauftrag ist (siehe das von Menschen zu bestimmende Sittengesetz) als auch ein Wesensmerkmal, denn erst die einzigartige menschliche Vernunft und Freiheit schaffen die Voraussetzung für ein sittlich autonomes Leben.

Im politischen Sinn sieht Kant längst nicht alle als frei an: Frauen, Kinder, Bedienstete und Tagelöhner sind nicht frei (Wetz 1998, S. 46).

Für Kant ist Würde der von allen zu achtende Eigenwert des Menschen. Diesen Eigenwert verleiht uns die Vernunft, die aus uns freie, sittlich gebundene Wesen macht.

4.1.2.5 Zusammenfassung

Erst Gestaltungsauftrag (in der Antike), dann religiös-metaphysisches Wesensmerkmal mit zusätzlichem Gestaltungsauftrag (Mittelalter), löste sich die Vorstellung von der Menschenwürde aus diesem Hintergrund, um in Freiheit, Vernunft oder Moralität fundiert zu werden.

In der Tradition der Würdebegriffe, die von Cicero, über Augustinus, Leo den Großen, Thomas von Aquin, Manetti, Pascal, Pufendorf bis Kant reicht, gibt es Gemeinsamkeiten in den Bestimmungen der Menschenwürde: Alle Genannten sehen die Würde des Menschen als ein Wesensmerkmal, d. h. als unverlierbar. Folgende Eigenschaften des Menschen verleihen ihm Würde: Gottebenbildlichkeit, seine Erlösungsbedürftigkeit, die Unsterblichkeit seiner Seele, seine herausgehobene Stellung im Universum, seine Freiheit oder seine Vernunft. Der Mensch hat durch eine oder mehrere dieser Eigenschaften einen absoluten Wert. Allen den eben genannten Denkern ist außerdem gemeinsam, dass die Menschenwürde auch eine Aufgabe, eine Chance, eine Verpflichtung zum würdegemäßen Handeln ist. Würde ist also auch ein Gestaltungsauftrag.

Zu Beginn dieses historischen Abrisses haben wir gesehen, dass Würde anfangs ausschließlich als Gestaltungsauftrag verstanden wurde. Im Unterschied zu fast allen mittelalterlichen Denkern gründen neuzeitliche Denker die Menschenwürde nicht mehr auf Gottebenbildlichkeit oder gar Erlösungsbedürftigkeit des Menschen. Diese Variante der religiös-metaphysischen Begründung hat spätestens seit Kant an Überzeugungskraft eingebüßt.

Für die weitere Argumentation ist Menschenwürde hinreichend genau charakterisiert, so dass wir an dieser Stelle die Ideengeschichte verlassen und fragen, ob sich heute noch Menschenrechte auf Menschenwürde gründen lassen.

4.1.2.6 Menschenrechte ohne Menschenwürde?

In Kapitel 4.1.1 hatten wir anhand von Artikel 1, Absatz 1 und Absatz 2 des Grundgesetzes die rechtskonstituierende Funktion der Menschenwürde herausgestellt. Wer behauptet, Menschenwürde sei ein Fundament für Menschenrechte, der befürchtet schnell, ohne Menschenwürde könne es keine Menschenrechte geben. Diese Befürchtung ist nicht gut fundiert, denn Menschenrechte können auch ohne Rückgriff auf Menschenwürde begründet werden (siehe Hoerster 1983, S. 225-238).

Zumindest in Rechtstexten wie dem Grundgesetz der Bundesrepublik Deutschland wird allerdings auf Menschenwürde als Begründungsinstanz verzichtet. Das entscheidende Argument für diesen Verzicht liegt darin, dass es heute keine Begründung von Menschenwürde gibt, die einerseits weder dogmatisch noch willkürlich ist, und die andererseits den Erfordernissen eines modernen Staates und einer pluralistischen Gesellschaft Rechnung trägt. Im nächsten Abschnitt wird dieses Argument dargestellt.

4.1.2.7 Weltanschauliche Neutralität

Die These lautet: Der Begriff der Menschenwürde ist weltanschaulich nicht neutral und deshalb in einer auf weltanschauliche Neutralität verpflichteten Verfassung keine geeignete Begründungsinstanz für Menschenrechte.

Diese These soll im Folgenden verteidigt werden. Die Idee der Menschenwürde zehrt von religiös-metaphysischen Hintergrundannahmen, wie z. B. der, die Würde sei von Gott empfangen. Würde ist auch für den katholischen Existenzialisten Marcel ein Geschenk des Himmels und höher als alle Vernunft: Um den Menschen mit „seine[r] wesenhafte[n] Würde" (Marcel 1965, S. 142) angemessen begreifen zu können, ist es notwendig, sie als „heilige Qualität zu erklären" (Marcel 1965, S. 155).

Spaemann geht so weit zu behaupten, Atheisten könnten zwar auch Menschenwürde achten, sie seien aber unfähig, sie zu begründen (Böckenförde, Spaemann (Hg.) 1987, S. 315).

Auch andere Autoren der religiös-metaphysischen Begründungsrichtung urteilen, Vernunft allein könne nicht Würde begründen.[42] Im Zuge der Säkularisierung und einer metaphysikfeindlichen Lebenswelt sind Deutungsmuster der eben genannten Art nicht mehr konsensfähig und philosophisch höchst umstritten.

Wichtiger ist in diesem Zusammenhang, dass jede religiös-metaphysische wie auch jede vernunftphilosophische Interpretation der Menschenwürde gegen den grundrechtsdogmatisch verankerten Grundsatz der weltanschaulichen Neutralität verstößt. Weder ein vernunftphilosophisch noch ein christlich geprägtes noch sonst ein Menschenbild darf staatlicherseits der Idee der Menschenwürde unterlegt werden. In Art. 3 Abs. 3 und Art. 4 Abs. 1 des Grundgesetzes verpflichtet sich der Staat auf Neutralität in Glaubens- und Gewissensfragen und gesteht seinen Bürgern eine fast vollständige Weltanschauungsfreiheit zu. Wir sehen zu Recht Meinungsvielfalt und Meinungsfreiheit als Errungenschaften eines liberal-demokratischen Gemeinwesens an.

Philosophisch kann man auch gut für eine größtmögliche Freiheit in weltanschaulichen Dingen argumentieren. Es gibt eine Vielzahl gleich gut begründeter Positionen in Fragen, die sich auf die gesamte Wirklichkeit und auf das Leben

---

[42] Wetz 1998, S. 97f. nennt Kriele, Ratschow, Beck, Böckenförde, Stark und andere.

im letzten beziehen und die zugleich weltanschauliche Fragen sind. Dazu zählen z. B. Fragen nach dem Sinn oder Wert des Lebens oder Fragen, wie wir unser Leben führen sollen. Nicht nur lässt sich in weltanschaulichen Fragen wenig philosophisch Relevantes sagen, sondern für fast *jede* Position kann man Überzeugendes vorbringen. Fragen der weltanschaulichen Art sind ebenso wie religiöse Fragen privatisiert.

In Verfassungs- bzw. Rechtszusammenhängen sind die besprochenen Definitionen der Menschenwürde untauglich, denn alle enthalten folgende weltanschauliche Elemente:

1. Das menschliche Leben ist ein mit einer Geistseele ausgestattetes Gottesgeschenk. Diese spezielle religiöse Auffassung ist z. B. für Atheisten haltlos.

2. Die Vorstellung des Menschen als Ebenbild Gottes, als Krone und Mitte der Schöpfung. Das ist eine anthropozentrische, speziezistische, religiöstheologische Auffassung mit der Annahme eines Gottes und einer Schöpfung. Hier bietet die Annahme einer Evolution eine gute Alternativerklärung.

3. Die Vorstellung des Menschen als einem aus der Natur herausragenden Vernunftwesen. Alternativerklärungen sehen den Menschen als ein natur gewordenes Lebewesen mit besonderen, auf Grundlage von Biologie und anderen Wissenschaften erklärbaren Eigenschaften. Menschen haben nicht die Sonderstellungen, die ihnen zugewiesen werden: Zum Bespiel ist Geist (kognitive Fähigkeiten) als Funktion eines materiell-energetischen Systems (Gehirn) erklärbar.[43]

Weitere Argumente gegen die These, dass Menschen Menschenwürde in der bisher dargestellten Weise haben, liefern naturalistische Positionen.

---

[43] Zur „Entzauberung" (Max Weber) der Welt infolge ihrer Naturalisierung siehe z. B. Vollmer 1995, S. 43-59 und Zimmer 1982, S. 303: „Kein Schöpfer hat uns auf diesem Planeten ausgesetzt. Die Evolution hat uns gemacht. Jeder ist, was wir jemals waren. In ihm sind Jahrmillionen aufbewahrt. Keine Instanz stattet uns aus mit Sinn und Ziel. Unser Gehirn entzaubert die Welt, die Wissenschaft nimmt ihr den Zauber trügerischen Sinns."

4.1.2.8 Wissenschaftlicher Naturalismus

Der hier vertretene Naturalismus[44] bezeichnet eine Position, die eine sinn- und wertfreie Natur annimmt, zu deren Beschreibung und Erklärung es keine Methoden gibt, die den naturwissenschaftlichen Methoden überlegen sind.

In einem naturalistischen Menschen- und Weltbild entpuppt sich die Vorstellung einer allen Menschen gemeinsamen Würde als Illusion. Schon mit bescheideneren Mitteln lässt sich zeigen, dass alle Begründungen von Menschenwürde zum Scheitern verurteilt sind. Dazu brauchen wir lediglich einige Ergebnisse moderner Naturwissenschaften ernst zu nehmen. Danach ist der Mensch ein zweibeiniges, sprachbegabtes, intelligentes Lebewesen, dessen Fähigkeiten möglicherweise auf biologischer, genauer biochemischer, jedenfalls materieller Grundlage erklärt werden können. Folgende Eigenschaften, die dem Menschen oft zugeschrieben werden, sind fragwürdig: Willensfreiheit, Unabhängigkeit des Geistes (der kognitiven Fähigkeiten) vom materiellen System Gehirn und die Existenz einer wie auch immer beschaffenen menschlichen Seele. Noch schlimmer: Wir könnten lediglich um uns selbst besorgte, egoistisch-altruistische Biomaschinen sein. Worauf es hier ankommt, ist die Fragwürdigkeit der starken, aus naturalistischer Sicht überzogenen Prämissen, die allen Begründungen von Menschenwürde zu Grunde liegen. Wer die Grenzen menschlicher Erkenntnisfähigkeit ernst nimmt, wird nicht mehr auf zweifelhafte metaphysische Erkenntnisquellen zurückgreifen.

4.1.2.9 Anthropologische Tatsachen: Bedürftigkeit statt Würde

Aus Luhmanns Sicht macht Folgendes die Menschenwürde aus: In einer funktional differenzierten Gesellschaft ist Würde so etwas wie eine Grundbedingung des Gelingens der Selbstdarstellung eines Menschen im sozialen Verkehr.

---

[44] Naturalismen gibt es viele: Es gibt auf verschiedenen Ebenen Naturalismus, nämlich mindestens ontologischen, erkenntnistheoretischen oder methodologischen Naturalismus. Die kürzeste Formel für Naturalismus stammt von Markl („Alles geht mit natürlichen Dingen zu.") Damit ist eine Mittelbeschränkung eines Naturalisten gemeint. Nicht alle möglichen Entitäten werden für wirklich gehalten, nicht alle möglichen Mittel zur Beschreibung und Erklärung der Welt zugelassen. Einen guten Überblick über verschiedene Varianten des Naturalismus bieten Keil und Schnädelbach (Hg.) 2000. Eine kurze Explikation bietet Vollmer 1994, S. 200-219.

„Die Würde des Menschen ist keineswegs eine Naturausstattung wie vermutlich gewisse Grundanlagen der Intelligenz. Sie ist auch nicht einfach ein Wert, den der Mensch [...] in sich trägt. [...] Würde muss konstituiert werden. Sie ist das Ergebnis schwieriger [...] Darstellungsleistungen [und damit] eines der empfindlichsten menschlichen Güter [...]. Eine einzige Entgleisung, eine einzige Indiskretion kann sie radikal zerstören. Sie ist also alles andere als unantastbar." (Luhmann 1965, S. 68f.).

Ich stimme diesem Vorschlag nicht zu, weil man das, was Luhmann „gelingendes Leben" (zitiert nach Gröschner et. al. 2000, S. 130) nennt, auch ohne die Verwendung des Begriffs „Würde" beschreiben kann, finde aber aus zwei Gründen seinen Vorschlag besser als alle anderen: Luhmann ontologisiert Würde nicht (Gröschner et. al. 2000, S. 130) und er beschreibt Würde als zerbrechliches Gut.

Letzteres vertritt auch Wetz (1998, S. 169-175), der die Bedürftigkeit des Menschen hervorhebt. Zwar folge aus unserer

„Verletzlichkeit, Hilfsbedürftigkeit, Nacktheit keine normative Funktion; sie sind bloß Indikator unzumutbarer Verhältnisse, die unsere Aufmerksamkeit so auf sich ziehen können, dass wir uns möglicherweise veranlasst sehen, dagegen vorzugehen. Anders gesprochen: Wir allein können uns und der Welt die Freundlichkeit erweisen, Bedürfnisse und Wünsche in einklagbares Recht zu verwandeln." (Wetz 1998, S. 175)

Alle Menschen haben wegen basaler und deswegen nicht kulturspezifischer oder kulturimprägnierter Tatsachen (Kersting 2001, S. 20) elementare Bedürfnisse. Fast[45] alle Menschen haben die folgenden Interessen der Bedürfnisbefriedigung:

1. Interesse am eigenen Überleben, zu dessen Sicherstellung Nahrung, Kleidung, Behausung notwendig sind;
2. Interesse an der Unverletzbarkeit der eigenen Person;
3. Interesse am Schutz des Privateigentums;
4. Interesse an Mindesteinkommen bzw. an materieller Mindestversorgung.

Falls 2 bis 4 nicht gesichert sind, kann auch 1 in Gefahr sein. Allerdings taugt ein Ansatz, der nur von basalen Bedürfnissen ausgeht, wenig (siehe dazu 5.5.3). Wir besprechen zwei weitere Strategien zur Begründung von (Menschen)rechten, für die Bedürfnisse eine geringe Bedeutung haben: das Naturrecht (4.2) und das Konzept Kants (4.3).

---

[45] Selbstmordattentäter oder andere Terroristen haben nicht alle oder keines der nachfolgenden Interessen.

Zuvor wird ein zeitgenössischer Begründungsvorschlag vorgestellt und kritisiert.

4.1.3 Josef Seifert: Ein zeitgenössischer Begründungsversuch für Menschenwürde

Josef Seifert spricht von einer „vierfachen Quelle der Menschenwürde als Fundament der Menschenrechte" (Seifert 1996, S. 162). Er setzt jedoch voraus, dass der Mensch eine „unvergleichliche Würde hat" und sucht dann nach Gründen für diese Würde (Seifert 1997, S. 165-185). Im ersten Schritt werden die vier Quellen dargestellt, in einem zweiten werden sie kritisiert und als untauglich verworfen.

Die vier Quellen sind nach Seifert:

1. In der „Wesensnatur des Menschen" oder in der „Wesensnatur des Personseins" sind Eigenschaften wie Freiheit, eine Seele und „überragende Geistigkeit" verankert, aufgrund derer dem Menschen eine „objektive Menschenwürde" zukommt. An anderer Stelle spricht Seifert von einer „Personwürde, die in der Person als 'individuell-einzigartiger Substanz vernünftiger Natur' (Boethius, Thomas) als solcher gründet" (Seifert 1997, S. 180). Diese „kennt keine Steigerung noch kann die Person, solange sie lebt, ihrer verlustig gehen."

2. Eng mit dem ersten Punkt hängt die Fähigkeit des Menschen zusammen, als soziales Wesen zu leben, das sein Leben bewusst gestaltet (Wahl des Ehepartners, freie Meinungsäußerung, Erziehung der Kinder, Bildung).

3. Aus den „positiven und werthaften Aktualisierungen der Person" (Seifert 1997, S. 182) entspringt die „moralische Würde" (Seifert 1997, S. 182) einer Person, d. h. eines Menschen. Sie zeigt sich in den guten Taten der Menschen. Ihre höchste Verkörperung ist „sittliche Gutheit" (Seifert 1997, S.183). Sie ist außerdem eine Voraussetzung für den „tatsächlichen Besitz solcher elementarer Menschenrechte wie des Rechts auf Freiheit" (Seifert 1997, S. 183).

4. Durch ein Geschenk kann der Mensch der Liebe eines anderen teilhaftig werden. So wird ihm eine, wenn auch verlierbare Würde verliehen. *Menschliche* Liebe vermag Würde nicht unbegrenzt zu steigern.

> „Hingegen zielt der theologische Gedanke jener Würde, die ihr durch die Gnade Gottes zuteil wird, auf eine das tiefste ontologische Wesen der Person berührende, aber eine ihr ebenfalls geschenkte Würde, ab."(Seifert 1997, S. 180)

Kritik der Seifert'schen vierfachen Quelle der Menschenwürde

Seifert begründet selten mit Argumenten. Sätze wie

> „Schon in dieser Dimension des Personseins gründet *evidentermaßen* [Hervorhebung nicht im Original, Anm. des Autors] der oben erwähnte ontologische Wert der Person und damit sowohl die sittliche Unverletzlichkeit des Lebens als auch das Recht im Verhältnis zu anderen Personen, die kein Recht haben, das Leben zu zerstören und denen gegenüber auch der ungeborene oder komatöse Mensch sein Menschenrecht zum Leben besitzt." (Seifert 1997, S. 180)

sind einerseits kennzeichnend für Seiferts Ansatz[46], andererseits wird dort etwas behauptet, was man glauben muss, bevor man es liest. Wer sich auf Evidenz beruft, überzeugt höchstens die, die das Behauptete auch für evident halten.

---

[46] Zudem trägt Seiferts Polemik nicht zur Lösung der Probleme bei (siehe insbesondere Seifert 1997, S. 167): Dort werden unzulässig Positionen vermischt und gleichgesetzt. Die Polemik gegen Peter Singer an gleicher Stelle verkennt völlig, dass Singer einen Ausweg aus speziezistischen Konzepten sucht.
Ein Beispiel für eine Schwarz-Weiß-Malerei finden wir auf S. 166:
„Besitzen ferner der Mensch und die Quelle seiner Würde ein objektives Wesen, das wir zu entdecken haben, oder wird seine Natur ebenso willkürlich durch Definitionen bestimmt wie seine Würde und Rechte, so dass das, was beide sind, eine Sache bloßer Konsensbildung wäre, eines Konsenses, den wir ebenso gut morgen ändern könnten wie er heute uns selbst entsprang?"
Dazu lässt sich sagen, dass es zwar ein „objektives Wesen" des Menschen und der Quelle seiner Würde vermutlich, d. h. nach allem, was wir wissen, nicht gibt. So weit wie Wittgenstein muss man allerdings nicht gehen: „Immer wenn wir über das Wesen der Welt zu reden versuchen, reden wir Unsinn" (Lee, Ambrose (Hg.) 1984, S. 130). Der Schluss Seiferts, Definitionen der Menschenwürde und der Menschenrechte müssten dann auf willkürlicher Konsensbildung beruhen, ist falsch. Wir können uns aufgrund von Argumenten, die wir sammeln und bewerten, auf eine zwar nicht letztgültige und letztbegründete Menschenwürde oder auf entsprechende Menschenrechte einigen. Aber die Entscheidung darüber, was wir unter Menschenrechten und Menschenwürde verstehen wollen, treffen wir immerhin aufgrund von (guten) Gründen. Den Konsens können wir dann nicht „ebenso gut morgen ändern", sondern erst, wenn neue oder neu bewertete Argumente dafür sprechen.

Ich möchte einige Probleme des Seifert'schen Ansatzes aufzeigen, die mit seiner christlichen Metaphysik zusammenhängen. Sehr problematisch ist die Rede von einem „ontologischen Wert einer Person" (Seifert 1997, S. 180): In normativen Sätzen, die Menschenwürde erklären oder begründen sollen, ontologisiert Seifert Eigenschaften. Welche Eigenschaften sind das?

Zunächst ist die Wesensnatur des Menschen ein Grund dafür, dass alle Menschen Menschenwürde haben:

> „Denn mit der oben kurz begründeten Anerkenntnis der Tatsache, dass der Mensch immer mehr als Materie ist, dass sie auch immer mehr als Aktvollzug, Funktion, Erlebnis usf. ist, sondern das allen diesen notwendig zugrundeliegende substanzielle geistige Sein[47] selbst, das in sich stehende Subjekt, erweist sich jede Reduktion der Personwürde auf eine bestimmte Aktualisierung, die dementen Alten und Ungeborenen abgesprochen werden kann, als unhaltbar" (Seifert 1997, S. 180)

An anderer Stelle sagt Seifert, auf Grund welcher Merkmale (Eigenschaften) alle Menschen Würde haben:

> „Auf Grund seiner Wesensmerkmale und seiner Geistigkeit besitzt der Mensch einen die ganze übrige Schöpfung überragenden Wert. Die Würde des Menschen, die dem Menschen auf Grund seiner evidenzzumachenden Erkenntnisfähigkeit, Freiheit und Bezogenheit auf das Ganze der Wirklichkeit (und das Absolute) zukommt, ist eine in sich ruhende Kostbarkeit der Person, die weder von deren eigenen Inklinationen und deren Erfüllung abhängt, sondern die Person in sich selbst positiv bedeutsam macht, und zwar in einer einzigartigen Weise, die aus der geistigen Natur der Person entspringt" (Seifert 1997, S. 178).

Ein naturalistisches Weltbild (4.1.2.8) weist dem Menschen einen bescheideneren Platz im Universum zu. Einige Annahmen, die Seifert in der obigen Begründung macht, sind danach fragwürdig. Erstens spricht Seifert von Schöpfung.

---

[47] Auch die Behauptung eines „substanziellen geistigen Seins" kann sich als falsch erweisen. Im Computermodell des Geistes ist das Gehirn schlicht eine Maschine und zwar eine komplizierte biochemisch arbeitende Maschine. Immerhin kann man auf Leistungen von Maschinen verweisen, die wir ihnen „unter gar keinen Umständen zugetraut" (Vollmer 1995, S. 55) hätten. Die These Seiferts, allem Denken müsse notwendig die Tätigkeit einer geistigen Substanz zu Grunde liegen, ist danach unzutreffend. In einem naturalistischen Menschenbild ist die Natur „primär materiell-energetisch" (Vollmer 1995, S. 31). Danach gibt es „*keine* mentalen Phänomene ohne materiell-energetische Grundlage" (Vollmer 1995, S. 31). Natürlich sind die Probleme, die zusammenfassend Leib-Seele-Problem genannt werden, nicht gelöst. Dann sollte Seifert aber auch nicht davon ausgehen, dass selbstverständlich eine dualistische Position einer monistischen Position überlegen ist.

Außerdem nimmt er die Existenz eines personalen Gottes an (Seifert 1997, S. 180). Evolutive Erklärungen bieten hier nicht nur eine Alternative, sie sind auch besser prüfbar[48] und erklären insbesondere Beschränkungen der menschlichen Erkenntnisfähigkeit. Die Evolutionäre Erkenntnistheorie erklärt beispielsweise, „warum wir Schwierigkeiten haben, unsere kognitive Nische, den Mesokosmos, zu überschreiten" (Vollmer 1995, S. 53). Seiferts Behauptung, der Mensch habe Erkenntnisfähigkeit, trifft natürlich zu. Doch diese, wie auch unser Sozialverhalten, sind nicht unabhängig von der Entwicklung anderer Organismen. Als „Demütigungen nach Burkamp" (Vollmer 1995, S. 51) nennt Vollmer auch die Behauptung, dass die Menschheit in das Entwicklungssystem der Organismen eingebettet ist. Auch Erkenntnisfähigkeit und Sozialverhalten sind evolutiv entstanden (Vollmer 1995, S. 52f.). Was immer die „geistige Natur" (Seifert 1997, S. 178) sein mag, sie ist nicht unabhängig von der physikalisch-biologischen Natur[49] (Vollmer 1995, S. 51). Natürlich kann man sich über die Reichweite der evolutiv erklärbaren Elemente menschlicher Erkenntnisfähigkeit und menschlichen Sozialverhaltens streiten. Es ist allerdings unverzichtbar, mindestens gelegentlich auf die Grenzen und die Unvollkommenheit des Menschen hinzuweisen. In einem realistischen Menschen- und Weltbild kann ein Naturalist bei der Beschreibung und Erklärung menschlicher Fähigkeiten wie Erkennen, Sprechen, moralisches Verhalten, ästhetisches Urteilen (Vollmer 1995, S. 33) ohne Rückgriff auf christlich-metaphysische Konzepte (Seifert) vorgehen.

> „Nach naturalistischer Auffassung ist das evolutionäre Paradigma, der Erklärungsansatz 'von unten' auch hier nicht nur möglich und sinnvoll, sondern durchaus erfolgreich. Verhaltensforschung, Soziobiologie, Neurobiologie, Bio- und Psycholinguistik, Künstliche Intelligenz und andere Disziplinen tragen dazu Forschungsergebnisse bei. Ihre Be-

---

[48] Die 2000 Jahre alte Geschichte der Gottesbeweise und anderes legen den begründeten Verdacht nahe, dass es einen personalen Gott mit bestimmten Eigenschaften nicht gibt (Vollmer 1995, S. 168-184). Weil Gott ein transzendentes Wesen ist, sind Aussagen über ihn, von Ausnahmen abgesehen, nicht empirisch prüfbar, sondern höchstens kritisierbar. Eine Ausnahme ist der direkte Eingriff Gottes in die Welt durch das Bewirken von Wundern.

[49] Es gibt sogar Gründe für die Annahme, dass Gehirne algorithmisch wie Computer arbeiten (Vollmer 1995, S. 154f.). Vollmer gelangt zu folgendem Schluss beim Vergleich der prinzipiellen Leistungsfähigkeit von Computern und Gehirnen: „In vieler Hinsicht wird das menschliche Gehirn dem Computer noch auf lange Sicht überlegen sein. Fragt man andererseits nach den grundsätzlichen Schranken, so ist zur Zeit *keine Leistung des Gehirns* bekannt, die *nachweislich* nicht auch von einer Maschine, etwa von einem Computer, erbracht werden könnte" (Hervorhebungen im Original; Vollmer 1995, S. 165).

funde lassen dann aber auch jene philosophischen Disziplinen nicht unberührt, die sich traditionell mit solch typisch menschlichen Fähigkeiten befassen: Anthropologie, Erkenntnistheorie, Sprachphilosophie, Moralphilosophie und Ethik, Ästhetik." (Vollmer 1995, S. 33)[50]

Meine Kritik an Seifert richtet sich auch gegen seine offensichtliche Abneigung, unbequeme und möglicherweise kränkende Erkenntnisse zu berücksichtigen. Er befürwortet beispielsweise die These Thomas' von Aquin, in der die Person zum *perfectissimum in tota natura* (zum Vollkommensten in der ganzen Natur) erklärt wird (Seifert 1997, S. 173). Warum er dies tut, sagt er nicht. Diese These kann nach dem, was wir wissen, z. B. bedeuten, dass Menschen mehr vermögen als alles andere in der Natur Vorkommende. So ist sie aber nicht gemeint. Sie trifft außerdem nicht zu. Wir würden heute diese These kritisieren mit dem Verweis darauf, dass im Hinblick auf Widerstandsfähigkeit gegen radioaktive Strahlung Kakerlaken vollkommener als Menschen sind. Wir würden mit dem Hinweis auf Folter und Kriege darauf hinweisen, dass wir moralisch nicht vollkommen sind. Wir sind auch nicht so vollkommen symmetrisch gebaut wie ein Kochsalz-Kristall, und unsere Geruchsempfindlichkeit ist viel geringer als die von Schäferhunden.

Die These kann weiterhin bedeuten, dass wir mit göttlichem Funken begabte, vernünftige, freie Wesen sind. Einzig die Behauptung der Fähigkeit zu vernunftgemäßem Denken und Handeln ist relativ unumstritten. Selbst wenn es einen personalen Gott gäbe, so hat er uns nicht als perfekte Wesen geschaffen. Eine Willensfreiheit im starken Sinn, welche die Möglichkeit des Anderskönnens

---

[50] Warum sollten wir eine naturalistische Vorgehensweise einer antinaturalistischen vorziehen? Vollmer (Vollmer 1995, S. 40f.) verweist auf „Ökonomieprinzipien, auf die forschungsleitende Rolle naturalistischer Thesen und auf bisherige Erfolge" (Vollmer 1995, S. 41), die das Vertrauen einer Naturalistin in ein entsprechendes Forschungsprogramm begründen. Eine Antinaturalistin müsste also mit guten Gründen Ökonomieprinzipien ablehnen und zeigen, dass gelegentlich antinaturalistische Annahmen wie die eines Gottes, „heuristisch fruchtbarer" (Vollmer 1995, S. 41) sind als naturalistische. Ein Metaargument für den Naturalismus ist die Tatsache, dass er sich durch Argumente von der Falschheit seiner Position überzeugen lassen würde. Er ist bereit, anzugeben, wann seine Position gescheitert ist. Vollmer (1995, S. 38) hält z. B. den Nachweis außersinnlicher Phänomene für einen Grund, der den Naturalisten zum „Umdenken zwingen würde". Ebenso würde ein überzeugender Nachweis von Wundern den Naturalismus widerlegen (Vollmer 1995, S. 37).

(Alternativismus), der Vernünftigkeit (Intelligibilität) und die Vorstellung der Urheberschaft (Walter 1997, S. I) beinhaltet, scheint es nicht zu geben.[51]

Die von Seifert genannten – und gewünschten – Eigenschaften von Personen, aufgrund derer Menschen Menschenwürde besitzen sollen, haben nicht den behaupteten ontologischen Status. Sie in einer Ontologie als Entitäten wie das physische Objekt zu bezeichnen, von dem diese Eigenschaft behauptet oder gewünscht werden, ist ein Kategorienfehler[52]. Damit ist Folgendes gemeint: Eigenschaften von Menschen existieren nicht wie die Menschen selbst. Die ontologische Kategorie, in die wir Menschen, Bäume, Häuser, Wasserstoffatome und anderes einordnen können, ist die der physischen Objekte. Die Eigenschaften dieser Objekte wie Haarfarbe, Festigkeit der Rinde und anderes existieren nicht einmal in einer anderen ontologischen Kategorie, sondern überhaupt nur, insofern die Objekte existieren.

Insgesamt erweist sich Seiferts Position als zu weitreichend. Außerdem sieht er wenig Begründungsbedarf, obwohl er von einer Vielzahl nicht offen gelegter Voraussetzungen ausgeht.

Im folgenden Abschnitt werden wir sehen, dass auch naturrechtliche Konzepte insgesamt zu anspruchsvoll sind.

4.2 Naturrecht

Den Verweis auf ein Naturrecht finden wir schon in Sophokles' Antigone. Kreon fragt Antigone:

„Und du brachtest es über dich, dieses Gesetz zu übertreten?"

---

[51] Siehe Walter 1997, S. 54: „Wenn wir die angeführten Argumente (für und wider die Willensfreiheit; Anmerkung des Autors) im Lichte heutigen Wissens prüfen, kommen wir zu dem Ergebnis: Eine solche Willensfreiheit, die alle drei Kantiome [die oben genannten Merkmale; Anmerkung des Autors] einer starken Auslegung erfüllt, besitzen wir *nicht*."
Dass unser Verhalten zum Teil genetisch determiniert ist, würden allerdings auch die meisten Libertarier zugestehen.
[52] Wir können hier nur andeuten, was ein Kategorienfehler ist (siehe dazu Ritter, Gründer (Hg.) 1976, Sp. 781ff.)

Darauf antwortet Antigone:

> „Nicht Zeus hat dies mir verkünden lassen noch die Mitbewohnerin bei den unteren Göttern, Dike, die beide dieses Gesetz unter den Menschen bestimmt haben, und ich glaubte auch nicht, dass so stark seien deine Erlasse, dass die ungeschriebenen und gültigen Gesetze der Götter ein Sterblicher übertreten könnte. Denn nun nicht jetzt und gestern, sondern irgendwie immer lebt das, und keiner weiß, wann es erschien." (Sophokles 1981, S. 41)

Ein Element, das alle Naturrechtskonzepte auszeichnet, ist in Antigones Antwort enthalten: die Idee eines überpositiven Rechts, d. h. eines Rechts, das über das geschriebene, in Gesetzestexten fixierte Recht hinausgeht und unabhängig von diesem gültig ist.

Wir möchten explizieren, welche Varianten des Naturrechts es gibt, was wir unter Naturrecht verstehen können, welche Argumente gegen die Existenz von Naturrechten sprechen und warum naturrechtliche Begründungen von Menschenrechten scheitern.

4.2.1 Varianten des Naturrechts

Schematisch lassen sich in erster Näherung folgende Varianten naturrechtlicher Konzeptionen unterscheiden. In der nachfolgenden Tabelle sind Erkenntnisquellen und die dazugehörigen Begründungsstrategien einander gegenübergestellt.

Unterscheidung nach Erkenntnisquelle	Unterscheidung nach Begründungsstrategie[53]
Ein göttlicher Wille ist Urheber des Naturrechts (mittelalterlich-christliche Tradition).	Hinweis auf göttliche Seinsordnung an der Spitze einer hierarchischen Ordnung.
Die menschliche Vernunft hat Zugang zu einem ewigen Naturrecht (neuzeitlich-aufklärerische Tradition).	Rückgriff auf kategorische Rechtsprinzipien: Bei Kant in Zusammenhang mit privilegierter menschlicher Vernunft.
	Ohne Rückgriff auf kategorische Rechtsprinzipien, aber als rationale Wahl innerhalb einer (objektivistischen) Werttheorie (Finnis in 4.2.7).
	Quasianthropologisch mit Rückgriff auf empirische Prämissen über die Bedürfnisse bzw. Eigenschaften von Menschen (Hart in 4.2.6).

Tabelle 2: Varianten des Naturrechts

Nach dieser groben Einteilung untersuchen wir weitere Merkmale des Naturrechts.

4.2.2 Was sind Naturrechte?

Auf eine Formel gebracht sind Naturrechte Rechte, die wir wegen der Beschaffenheit der Welt oder der Menschen aus Eigenschaften der Welt oder aus Merkmalen des Menschen ableiten können. Noch kürzer: Naturrechte sind Rechte, die sich aus der Natur (des Menschen oder der Welt) ableiten lassen. Diese Explikation ist wenig mehr als zirkulär oder gar tautologisch. Um die Vielfalt der Bedeutungsmerkmale des Naturrechts-Begriffs zu verdeutlichen,

---

[53] Nach Macdonald (in: Waldron 1984, S. 23) gibt es drei Begründungsstrategien des Naturrechts:
1) sprachanalytische, 2) auf empirischen Tatsachen beruhende, c) auf quasi-dezisionistischen Entscheidungen beruhende.

werden wir Strukturmerkmale traditionellen und modernen Naturrechts vorstellen. Anschließend zeigen wir, was mit „Natur" bzw. mit „Recht" in den unterschiedlichen Naturrechtslehren gemeint sein kann.

4.2.2.1 Strukturmerkmale des Naturrechts

In der traditionellen Naturrechtslehre (von der Stoa bis zu Hooker – ein führender anglikanischer Geistlicher des 16. Jahrhunderts – hat Naturrecht folgende vier Strukturmerkmale[54]:

1. Die Natur ist normativ strukturiert, d. h. hierarchisch geordnet.
2. Die subjektive Vernunft des einzelnen Menschen ist in der Lage, die objektiven natürlichen Normen zu erkennen.
3. Naturrecht hat den Charakter größtmöglicher Verbindlichkeit, weil es nicht von menschlichen Gesetzgebern herrührt, sondern notwendig gilt. Es gilt notwendig, weil Gott – ob stoisch oder christlich gedacht – der Gesetzgeber des Naturrechts ist.
4. Das politische Gemeinwesen ist so beschaffen, dass es sich mit den natürlichen Normen des Naturrechts in Einklang befindet.

Diese Merkmale[55] finden wir in den Naturrechtskonzeptionen der aristotelisch-stoisch-thomistischen Tradition. In den rationalistischen Naturrechtslehren der Neuzeit gibt es wichtige Änderungen der Strukturmerkmale. Diese lassen sich in aller Kürze so zusammenfassen:

Spätestens seit Pufendorf (ansatzweise schon bei Grotius) rekurrieren moderne Naturrechtler bei der *Naturrechtskonstruktion* nicht mehr auf einen *göttlichen* Ursprung des Naturrechts. Die Schöpfungsordnung ist bei Pufendorf naturalisiert: Sie ist „bezogen auf den Menschen [...] ein Komplex aus Vernunft, Trieb und Umweltbedingungen" (Euchner 1979, S. 17). Demgemäß ist das Naturrecht kein Resultat einer göttlichen Ordnung, sondern das Resultat von Vernunfterwägungen aufgrund einer anthropologisch zu bestimmenden Vernunft- und Trieb-

---

[54] Siehe Euchner 1979, § 3, S. 14-44.
[55] Zur Kritik der Merkmale siehe Strauss 1989, S. 171-262: Kapitel V „Modernes Naturrecht" sowie Bloch 1977, S. 81-92: „Kants und Fichtes Naturrecht ohne Natur: als Vernunftrecht a priori" sowie die Kapitel 18-20.

struktur des Menschen samt seiner spezifischen Umweltbedingungen. Anders gewendet, sind die natürlichen Normen nicht mehr Teil eines ewigen göttlichen Gesetzes, des lex aeterna,

„sondern eine rationale Konstruktion der Vernunft auf der Grundlage der menschlichen Trieb- und Vernunftnatur." (Euchner 1979, S. 28).[56]

Mit dem Zerfall des mittelalterlichen Weltbildes trat auch in den modernen Positionen zur Erkenntnismöglichkeit des Naturrechts ein Wandel ein. Scholastische Autoren sahen die Erkennbarkeit des Naturrechts durch *participatio* (Beteiligung), *irridatio* (Ausstrahlung des Naturrechts auf den Menschen), *inscriptio* (göttliche Einprägung des Naturrechts in den menschlichen Geist) oder *impressio*[57] als gesichert an.

„Die menschliche Vernunft ist gewissermaßen normhaltig; der Erkenntnisakt bringt das in der Vernunft angelegte natürliche Gesetz zutage, das er als göttliches Gesetz anerkennen muß." (Euchner 1979, S. 22)

Hinsichtlich des verpflichtenden Charakters, also der unbedingten, absoluten und notwendigen Geltung des Naturrechts gibt es eine Lockerung der Verbindung zwischen dem Naturrecht als natürlichem Gesetz auf der einen Seite, das in der Scholastik als Bestandteil der Schöpfungsordnung[58] begriffen wurde, und der menschlichen Natur auf der anderen Seite.

---

[56] Schon die individualistischen Naturrechtslehren Hobbes' und Spinozas gehen nicht mehr davon aus, dass Gott den Menschen eine natürliche Neigung zu Geselligkeit eingepflanzt hat, sondern begreifen geselliges Verhalten als Voraussetzung zur Selbsterhaltung. Die Grundlage des Naturrechts, nämlich die lebenswirklich verstandene Natur des Menschen, bildet dann *keine starkes* Fundament: Das basale Element der menschlichen Natur ist der Selbsterhaltungstrieb mit seinen Erscheinungsformen Neid, Ehrgeiz, Wettstreben, (rücksichtsloser) Egoismus u. a.

[57] Die menschliche Vernunft ist weder autonom noch überhaupt in der Lage, das natürliche Gesetz nicht zu erkennen. In der aristotelisch-teleologischen Konzeption des Thomas von Aquin haben alle Dinge eine natürliche Neigung (*inclinatio*), dem Vollkommenen zuzustreben. Das Streben nach Vollkommenheit ist ihr Wesen, ihre Natur. Das höchste Gut (der Zustand der Vollkommenheit) und das natürliche Wesen der Dinge sind eins: „ens et bonum convertuntur." (Thomas von Aquin)
Bezogen auf den Menschen heißt das: Er strebt danach das Wirken der Schöpfungsordnung, der *lex aeterna* zu erreichen.

[58] Siehe Euchner 1979, S. 31: „Indem das moderne Naturrecht auf die Lehre von der *participatio* [der Beteiligung, d. h. aktiven Anteilnahme; Anm. des Autors] an der *lex aeterna* [dem ewigen, göttlichen Gesetz; Anm. des Autors] und auf die *inclinatio* [der natürlichen Neigung;

In modernen naturrechtlichen Positionen wurde der daraus folgende Verlust der Verpflichtungskraft des Naturrechts dadurch zurückgewonnen, dass der „Grund der Verbindlichkeit des Gesetzes der Natur [der] *Befehl* [kursiver Text im Original; Anm. des Autors] Gottes" (Euchner 1979, S. 31) war. Damit war Naturrecht wieder[59] voluntaristisch konzipiert. Mit dieser dem positiven Recht analogen Konstruktion (Gesetze des Naturrechts sind den Menschen als Imperative aufgetragen) waren der Kritik des Naturrechts neue Möglichkeiten eröffnet. Wir werden diese in 4.2.3 besprechen.

Im Zusammenhang von Naturrecht und politischer Ordnung können wir von folgender Verschiebung sprechen. Der Staat wird

„nicht mehr als Ergebnis des mit der Schöpfungsordnung übereinstimmenden Sozialtriebes angesehen, sondern er geht aus einem zwischen mehr oder weniger isolierten und autonomen Individuen abgeschlossenen Vertrag hervor, und zum andern wird, selbst wenn die Fortgeltung des Naturrechts im Staate betont wird, das Gesetz der Natur tendenziell vom positiven staatlichen Gesetz aufgesogen." (Euchner 1979, S. 38)

4.2.2.2 Was heißt „Natur" im Naturrecht[60]

Natur ist einer der schillerndsten Begriffe nicht nur in philosophischen Zusammenhängen. Ein Schema, in dem ein Natur-Begriff einer entsprechenden Auffassung von Naturrecht zugeordnet wird, könnte so aussehen:[61]

Anm. des Autors] des Menschen zum Guten und Gerechten verzichtete," lockerte sich die oben beschriebene Verbindung.

[59] Die nominalistischen Konzeptionen des Duns Scotus und Wilhelm von Ockham waren ebenfalls voluntaristisch.

[60] Für eine ausführlichere Diskussion siehe Höffe 1988, S. 25-30.

[61] Siehe Ritter, Gründer (Hg.) 1980, Artikel „Naturrecht", Sp. 560-623. Zum Natur-Begriff siehe Sp. 560.

Naturauffassung: Natur als ...	Korrespondierendes Naturrecht
Wesenseigenart	(individuelles oder kollektives) „Daseinsrecht"
Ursprünglichkeit	„Urordnung"
Echtheit (Unverdorbenheit)	status integritatis: integratives Naturrecht
Kausalität	„Naturgesetz"
Rationalität	„Vernunftrecht"
Idealität (Geistnatur)	„Rechtsidee"
Realität (Sachnatur)	„Sachgerechtigkeit" (Natur der Sache)
Kreatürlichkeit	„Schöpfungsordnung"
Vitalität	„Machtrecht des Stärksten" oder „Machtrecht der Masse"
Sozialität	„Zeitgerechtigkeit" konservativer oder revolutionärer politischer Art

Tabelle 3: Naturauffassungen und entsprechende Naturrechtskonzepte

Wie immer „Natur" auch aufgefasst wird, entscheidend ist, worauf Kelsen hinweist:

> „Unter einer 'natürlichen' Ordnung ist eine solche gemeint, die nicht auf dem menschlichen und darum unzulänglichen Willen beruht, die nicht 'willkürlich' geschaffen ist, sondern die sich gleichsam 'von selbst', aus einer irgendwie gegebenen, d. h. aber unabhängig vom subjektiv-menschlichen Wollen existenten, dem Menschen aber doch irgendwie faßbaren, vom Menschen erkennbaren Grundtatsache, aus einem vom menschlichen Verstand oder menschlichen Willen nicht ursprünglich produzierten, aber von ihm doch reproduzierten Grundprinzip ergibt. Diese objektive Tatsache ist die „Natur" oder in ihrem religiös-personifikativen Ausdruck 'Gott'." (Kelsen 1989, S. 75)[62]

Zusammenfassend wird in erster Näherung „Natur" im dreifachen Sinne verwendet:

a) Erkenntnisquelle des Naturrechts ist die Natur im Sinne der natürlichen Vernunft im Gegensatz zur göttlichen Offenbarung.

---

[62] Kelsen fasst Naturrecht als Lehre der Gerechtigkeit auf und charakterisiert Naturrecht durch seine Abgrenzung zum positiven Recht (siehe dazu 4.2.2.4).

b) Wegen der Natur des Rechts, d. h. des Naturrechts, ist dieses die letzte normsetzende Autorität. Das Recht beansprucht zusätzlich sittliche Richtigkeit.

c) Drittens ist es die Natur des Menschen (seine charakteristischen Merkmale), von denen das Naturrecht abhängt.

4.2.2.3 Was heißt „Recht" im Naturrecht

Ähnlich wie der Naturbegriff lassen sich folgende Rechts-Begriffe unterscheiden und schematisch entsprechenden Naturrechtskonzeptionen gegenüberstellen (siehe Ritter, Gründer 1980, Sp. 560f.):

Recht als ...	korrespondierendes Naturrecht
„Ordnung" (objektives Recht)	lex naturalis: Recht als Lehrsystem oder Modell für Gesetzgebung
„Anspruch" (subjektives Recht)	ius naturale: Recht als „Inbegriff der angeborenen Rechte" des Einzelnen oder als „Persönlichkeitsrecht gegenüber dem Staat" (Ritter, Gründer (Hg.) 1980, Sp. 560)
„positives" (strenges) Recht	ius aequum: „Billigkeitsrecht"
„Gerechtigkeit"[63]	absolut gültige formale „Idee" oder relativ gültiges materielles „Ideal" des Rechts
„nützliches" Recht	Norm für (persönliches oder soziales) „Glück"
Mittel, um „Sicherheit" zu gewährleisten	Garantie für Rechtsschutz
„Tradition"	„gutes altes Recht"
Diener der „Humanität"	Inbegriff der „Menschenrechte"

Tabelle 4: Rechtsauffassungen und entsprechende Naturrechtskonzeptionen

---

[63] Ricken (Ricken 1998, S. 203) sieht eine der wichtigsten Thesen der Lehre vom Naturrecht in der Auffassung, dass Recht das Gerechte sei. Thomas von Aquin: „ius dictum est quia est iustum" (Es heißt Recht, weil es gerecht ist).

4.2.2.4 Naturrecht in Abgrenzung vom positiven Recht

Ebenso wie der Naturrechts-Begriff ist das positive Recht mehrdeutig. Den folgendermaßen verstandenen Positivismen des Rechts lassen sich entsprechende Naturrechtsauffassungen gegenüberstellen, von denen sich das positive Recht jeweils abgrenzt.[64]

Der	atheistisch-irreligiöse	Rechtspositivismus grenzt sich vom Naturrecht als	metaphysisch begründetes göttliches Recht	ab.
	logizistisch-philosophische		teleologisch begründetes sachgerechtes Recht	
	historisch-psychologische		sittliches Recht	
	naturalistische		idealistisch begründetes sinngerechtes Recht	
	praktisch-juristische		übergesetzlich begründetes und begrenztes Recht	
	pragmatisch-soziologische		personalistisch begründetes und begrenztes Recht	
	politisch-ideologische		krisenfest begründetes und begrenztes Recht	

Tabelle 5: Abgrenzungen des Rechtspositivismus von entsprechenden Naturrechtskonzepten

---

[64] Siehe Ritter, Gründer (Hg.), Historisches Wörterbuch der Philosophie, Band 5, Sp. 561.

4.2.3 Kritik der Naturrechts[65]

Die folgende Kritik richtet sich gegen die meisten der oben skizzierten Naturrechtsauffassungen. Dass trotz aller Kritik ein vernunftrechtlich inspiriertes Naturrecht motiviert werden kann, wird anschließend in 4.2.4 diskutiert.

4.2.3.1 Warum gibt es so viele Naturrechtsauffassungen?

Die Uneinigkeit der Philosophen, was und warum etwas ein Naturrecht ist, ist ein starker Einwand gegen die Behauptung, mittels *der* menschlichen Vernunft *die* Naturrechte erkennen zu können.[66] Ein Naturrechtler müsste wenigstens die Sicherheit seiner Erkenntnisquelle einschränken und auf die Fehlbarkeit menschlicher Vernunft hinweisen. Wenn er dies anerkennt, könnten wir ihn auch dazu bringen, über die Unzulänglichkeit von Vernunft *allein* bei der Begründung von Rechten nachzudenken.

Warum sind die Naturrechtslehren letztlich so widersprüchlich?[67] Riedel sieht als Schwachpunkt die zwar postulierte, aber tatsächlich nicht konsensfähige Be-

---

[65] Gegen die Behauptung, es gebe Naturrecht(e), gibt es einflussreiche philosophische Stimmen, z. B. Bentham: „Rights is a child of law; from real laws come real rights; but from imaginary laws come imaginary rights. [...] Natural rights is simple nonsense upon stilts." Hume brandmarkt Naturrechte als „unreal metaphysical entities" (siehe Hinkmann 1996, S. 22).

[66] Riedel 1986, S. 176f. nennt folgende widerstreitende naturrechtliche Auffassungen: Aristoteles (Naturrechte als Teil der natürlichen Gerechtigkeit), Cicero (Naturrechte als Rechte der richtig verstandenen Vernunft), Kant (Naturrecht als deontologisches, kategorisches Vernunftrecht) oder auch Mead (Naturrecht in der Nähe zur Anthropologie).

[67] In einem Lehrbuch für Juristen (Zippelius 1989, S. VIII) wird Naturrecht im Abschnitt „Überkommene Lösungsansätze" behandelt. Zippelius sieht in dem Versuch, die „Natur" des Menschen, der Welt u. a. zu bestimmen einen Zirkelschluss und beantwortet gleichzeitig die Frage, warum Naturrechtler sich so uneinig sind (Zippelius 1989, S. 96): „Das Kriterium für die Richtigkeit dieser Wahl [der Wahl zwischen ethisch relevanten Alternativen; Anm. des Autors] kann aber nicht schon in den Fakten selbst liegen.

Deshalb pflegen Naturrechtstheorien aus der Fülle dessen, was existiert, bestimmte Gegebenheiten herauszuheben, in denen sich die 'wahre Natur' darstelle. Damit hat man aber schon eine wertende Auswahl getroffen, also bestimmte ethische Maßstäbe in die natürliche Ordnung hineingelegt, um sie dann wieder aus der 'wahren Natur' des Menschen, der Institution oder der Sache herauszulesen. Diese Operation ist nichts anderes als ein Zirkelschluß. Forscht man nach den grundlegenden Wertungen, die das Bild von der 'wahren Natur' bestimmt haben, so stößt man oft einfach auf überkommene Gerechtigkeitsvorstellungen oder auch nur auf das eigene Rechtsgefühl des Autors."

hauptung einer „einheitlichen, ubiquitär anerkannten Konzeption von der Natur des Menschen" (Riedel 1986, S. 177). Ein flüchtiger Blick auf die Ideengeschichte dessen, was wir „menschliche Natur" nennen, zeigt eine Palette unterschiedlichster Positionen, die sich zwischen zwei extremen Auffassungen ansiedeln. Auf der einen Seite ist der Mensch primär gesellschaftsgebunden, auf der anderen Seite sind Menschen von Natur aus Einzelne, die sich nur so weit in die Gesellschaft mit anderen einfügen, wie es ihnen zur Verwirklichung ihrer eigenen Freiheitsrechte bei gleichzeitigem Anerkennen der Rechte Anderer nötig scheint.

Riedel diagnostiziert die Situation so:

„Warum der 'Gesellschaftsmensch' oder der 'Einzelgänger' oder der Mensch in einem Mischungsverhältnis dieser Grundpositionen seine Natur in dieser jeweils gewählten Form findet, läßt sich philosophisch-rational nicht zwingend begründen." (Riedel 1986, S. 178)

Jede Naturrechtskonzeption kann höchstens biologisch-anthropologisch versuchen, die Natur des Menschen zu bestimmen und muss sich dazu wissenschaftlich-empirischer Befunde bedienen. Dann ist allerdings der Naturrechts-Begriff so aufgeweicht, dass wir besser nicht mehr von Naturrecht sprechen sollten, um irreführende Assoziationen mit klassischen Bestimmungen des Naturrechts zu vermeiden.

4.2.3.2 Die ideengeschichtliche Belastung des Naturrechts

Von einer ideengeschichtlichen Belastung des Naturrechts können wir in mehrfacher Hinsicht sprechen. Für unsere Zwecke reicht die Kritik Tönnies' aus (Tönnies 2001, S. 16):

„Nach dem Kontingenzbewusstsein der Postmoderne schärft sich der Blick für das Allgemeine und Notwendige, für das, was allen Menschen zukommt, aber es besteht keine Neigung, die Verehrung für das rationale Naturrecht wieder aufzunehmen – jedenfalls nicht unter diesem Namen."

Einerseits erhebt Naturrecht den Anspruch, Rechte universell begründen zu können. Wir haben gesehen, dass es eben *die universelle göttliche oder jedenfalls vernünftige Natur des Menschen* ist, die ihn zugleich mit Naturrechten ausstattet und ihn diese erkennen lässt.

Andererseits erweist es sich als Antipode zum Relativismus unterschiedlichster Art als ungeeignet. Nehmen wir ein Naturrecht, gemäß dem die Menschen von *Natur* aus Qualitäten haben, derentwegen sie bestimmte Rechte haben, also z. B. rechtlich gleich sind. Wie Tönnies treffend bemerkt, ist dieser Begriff von „Naturrecht" sprachlich zu eng:

> „Man kann dem Relativismus, der diese Regeln dem konkreten Kontext überlässt, auch entgegentreten mit dem Hinweis auf die Richtigkeit *künstlicher* gesellschaftlicher Einrichtungen, durch die die Menschen kraft Gesetzes, ungeachtet ihrer natürlichen Ungleichheit, einander ebenbürtig sind." (Tönnies 2001, S. 16)

Tönnies verweist auf Hannah Arendt, die betont, Menschen seien nicht von Natur aus (physei) gleich, sondern der Gesetze (nomoi) wegen. Erst die Polis ermöglicht Ebenbürtigkeit der von Natur aus *verschiedenen* Menschen.

4.2.3.3 Searle: Der ontologische Status institutioneller Tatsachen

Wer von Eigenschaften der Welt auf die Existenz bestimmter Rechte schließt, die eben wegen dieser Eigenschaften gelten sollen, begibt sich in die Gefahr einer fragwürdigen Ontologisierung von Rechten. Rechte sind aber vielmehr Relationen zwischen Personen als Eigenschaften von Personen. Rechte schaffen höchstens Voraussetzungen, um Eigenschaften zu haben oder um Eigenschaften an Menschen erkennen zu können.[68]

Searle (Searle 1997) beschreibt den ontologischen Status institutioneller Tatsachen so: Wir nehmen einmal an, Menschenrechte seien institutionelle Tatsachen in dem Sinn, dass sie nur existieren können,

> „wenn die Leute gewisse Überzeugungen und andere geistige Einstellungen haben [...] Alle institutionellen Tatsachen sind in diesem Sinne ontologisch subjektiv, obgleich sie im allgemeinen epistemisch objektiv sind" (Searle 1997, S. 73).

Sind Menschenrechte institutionelle Tatsachen? Searle[69] gibt als Bedingungen dafür, dass etwas eine institutionelle Tatsache ist, Folgendes an:

---

[68] Ich meine damit z. B., dass mein Recht auf Leben, wegen dessen Achtung ich (unter anderem) lebe, mir ermöglicht, Eigenschaften wie Sprachfähigkeit an anderen Menschen erkennen zu können.

[69] Die Darstellung Searles ist um Vieles komplizierter (siehe Searle 1997, Kap. 2). Für unsere Zwecke genügt die vereinfachte stichpunktartige Darstellung.

1. Die konstitutive Regel zur Schaffung institutioneller Tatsachen[70] lautet: „X zählt als Y in K". Wir sehen, dass Menschenrechte eben als solche dreistelligen Relationen aufgefasst werden können (Searle 1997, S. 54).
2. Institutionelle Tatsachen verrichten ihre Funktion nicht allein aufgrund ihrer physischen Struktur. Erst aufgrund einer (gesellschaftlich bestimmten) „kollektiven intentionalen Zuweisung von Funktionen an Gebilde, die diese Funktionen nicht ohne diese Zuweisung verrichten können" (Searle 1997, S. 51), werden sie zu institutionellen Tatsachen. Auch diese Bedingung ist für Menschenrechte erfüllt.
3. Searle grenzt einfache gesellschaftliche Tatsachen von institutionellen Tatsachen ab. Zur Schaffung institutioneller Tatsachen reicht eine kollektive Funktionszuweisung nicht aus. Vielmehr ist eine „Zuweisung eines kollektiv anerkannten *Status*, mit dem eine Funktion verbunden ist" (Searle 1997, S. 51), nötig. Diese Kategorie von Verwendungsfunktion nennt Searle Statusfunktion. In der Tat haben eben bestimmte Rechte den Status von Menschenrechten, und zwar unabhängig davon, welche Begründungsstrategien wir für besonders aussichtsreich halten.

Der entscheidende Punkt ist nun, dass laut Searle institutionelle Tatsachen nicht wie rohe Tatsachen ontologisch objektiv, sondern subjektiv existieren. Diese Aussage impliziert den Standpunkt einer realistischen Position, wie sie Searle in Kap. 7 und 8 seines Buches verteidigt (Searle 1997, S. 159-206)[71]. Wer Searles Position teilt, kann viele Naturrechtstheorien kritisieren, indem er den ontologischen Status der darin formulierten Rechte als unzutreffend kennzeichnet. Das ist immer dann der Fall, wenn nicht zwischen der Ontologie physischer Tatsachen und der Ontologie von Rechten als sozialen Tatsachen unterschieden wird.

---

[70] Searle grenzt einfache gesellschaftliche von institutionellen Tatsachen ab, indem er zusätzlich zu Bedingung 2 noch Bedingung 3 formuliert, die ausschließlich für institutionelle Tatsachen gilt.
[71] Searle nimmt an anderen Stellen Einwände gegen eine realistische Position vorweg, so z. B. gegen die Auffassung, es gebe keine rohen Tatsachen, sondern nur institutionelle (Searle 1997, S. 66).

4.2.3.4 Zum Geltungsproblem naturrechtlicher Positionen: ein juristischer Einwand

Naturrecht kann als vorrechtliches Gerechtigkeitsprinzip verstanden werden. Diese Position teilten sowohl Cicero als auch Thomas von Aquin. Zippelius fragt in diesem Zusammenhang, ob „überhaupt vorrechtliche Gerechtigkeitsprinzipien unabhängig von positiver Rechtssetzung gelten und [sie] die Geltung eines ihnen widerstreitenden positiven Gesetzes hindern [können]?" (Zippelius 1989, S. 97)

Selbst wenn wir zugestehen, dass Grundsätze einer wie auch immer gearteten Gerechtigkeit moralische Geltungskraft haben und sozialethisch verpflichtend sein können, so sieht es mit der Geltung einer Norm als garantiertes Recht anders aus (Zippelius 1989, S. 97):

> „Die Geltung einer Norm als garantiertes Recht hingegen [...] hängt davon ab, daß zu ihrer Durchsetzung ein funktionierendes Rechtsschutzsystem zur Verfügung steht. Geltung in diesem Sinne, d. h. eine staatlich bedingte Durchsetzungschance, können Normen aber auch dann haben, wenn sie im Widerspruch zu sozialethischen Grundsätzen stehen; diese Geltung wird also durch entgegenstehende Gerechtigkeitsprinzipien nicht kurzerhand 'gebrochen' [...]"

4.2.3.5 Naturalistischer Fehlschluss (NFS)

Der NFS wird oft als starkes Argument (u. a. gegen Naturrecht) verwendet. Um zu verstehen, worin ein NFS besteht, wird er zuerst dargestellt und dann kritisiert. Insgesamt erweist er sich als schwächeres Argument als oft behauptet. Worin besteht also der NFS?
Der Schluss von Strukturen der Natur, von Deskriptivem auf Normen, ist nicht zulässig. Wer ihn zieht, begeht einen NFS. Dass es einen NFS dieser Art gibt, wird auch bestritten.[72]

---

[72] Aristoteles und Hegel machen die semantische Voraussetzung von Humes Überlegung nicht mit. Bei ihnen ist in dem Sein schon Normatives enthalten (die Prämissen sind also nicht rein deskriptiv), und die Konklusion hat nicht die Bedeutung eines Sollens. „Statt dessen wird die semantische Voraussetzung (Randbedingung) des logischen Fehlschlusses, die Trennung von (naturalen) Tatsachen und (idealen) Normen, als sachunangemessen-abstrakt unterlaufen" (Höffe 1988, S. 34). Auch Putnam (siehe Putnam 1990, S. 153ff.) hat Zweifel

Die Behauptung des NFS stammt von G. E. Moore. Dabei handelt es sich aber um zwei Fehlschlüsse. Sie entstehen bei der Beantwortung der Frage, was wir mit „gut" in der Aussage „Dies ist gut an sich" sinnvollerweise meinen können. Auf das semantische Problem, was „gut (an sich)" für ein Prädikat ist, gibt er Antwort in einer dreifachen These:

a) „Gut" ist ein schlechthin einfaches Prädikat und daher undefinierbar.

b) „Gut" ist bisher mit vielen anderen Prädikaten identifiziert worden.

c) Was in b) behauptet wird, ist ein Irrtum namens NFS.

Es gibt nun zwei Gruppen von Fehlinterpretationen des Prädikats „gut":

Naturalistischer Fehlschluss (NFS1)
1. Im metaethischen Naturalismus wird „gut" vollständig mit Begriffen wie „nützlich", „lustvoll", „lebensdienlich", zweckmäßig" oder „begehrt" definiert. Als Konsequenz sind dann alle sittlichen Urteile aus deskriptiven und empirischen Aussagen ableitbar und die Ethik wird zu einem Betätigungsfeld für empirische Wissenschaften.

2. *Metaphysi(zisti)scher Fehlschluss (NFS 2)*
Hier wird „gut" („gut an sich") mit metaphysischen oder religiös-theologischen Ausdrücken gleichgesetzt, z. B. indem behauptet wird, „gut an sich" sei ein Leben gemäß der Natur, gemäß eines göttlichen Willens oder „gut an sich" lasse sich mittels übersinnlicher Eigenschaften definieren.

Weil Moore Antinaturalist im Sinne des NFS 1 ist und zugleich Antimetaphysiker im Sinne des NFS 2, müsste er genauer von zwei Fehlschlüssen sprechen.[73] Das stärkste Argument Moores ist das Argument der offenen Frage, wonach überall dort, wo „gut" mit „nützlich" (Utilitarismus), „lustvoll" (Hedonismus)

---

angemeldet, dass man überhaupt von einer „Tatsache-Wert-Dichotomie" sprechen kann (siehe Matthias Kaufmann 1996, S. 60).

[73] Die Unterscheidung zwischen NFS 1 und NFS 2 ist schon deshalb wichtig, weil man widerspruchsfrei jeweils eine der beiden Positionen (1 oder 2) als Fehlschluss bezeichnen kann, also eine schwächere Position als Moore vertreten kann. Beiden Fehlschlüssen ist gemeinsam, dass ein normativer Begriff mittels deskriptiver Termini definiert wird, was ihre Gleichsetzung begünstigt.
Höffe 1988, S. 37 schlägt vor, statt NFS den Terminus „deskriptiver Fehlschluss" zu verwenden, behält aber wegen seiner Verbreitung den üblichen Sprachgebrauch bei.

oder „naturgemäß" (Stoa) gleichgesetzt wird, die Frage offen bleibt, ob das Nützliche (Lustvolle, Naturgemäße) unter allen Umständen gut sei.

Nehmen wir an, wir könnten etwas Nützliches (Lustvolles, etc.) finden, das nicht gut ist, dann ist die Gleichsetzung von „gut mit „nützlich"(„lustvoll", etc.) falsch. Mit anderen Worten ist dann „gut" mit „nützlich (lustvoll, etc.)" nicht semantisch identisch.

Nehmen wir an, es gäbe einen NFS, so könnte man Moores Argumente dafür, dass ein NFS folgt, kritisieren.[74] Ich möchte jetzt nicht auf weitere Kritik Moores eingehen[75], sondern Höffes Vorschlag eines Naturrechts ohne NFS skizzieren.

Naturrecht ohne naturalistischen Fehlschluss?

Höffe versucht, „Naturrecht ohne naturalistischen Fehlschluss" zu skizzieren (Höffe 1988, S. 24-55). Seine Skizze lässt sich so zusammenfassen:

a) Naturrecht braucht ein höchstes Prinzip und Kriterium des sittlich Guten (bei Höffe ist es zugleich das politisch Gerechte).

b) Es gibt objektive und subjektive Sittlichkeit.

c) Das „Besondere des Naturrechtsdenkens" ist die

„Begründung eines Prinzips der politisch-sozialen Gerechtigkeit als Kriterium der Sittlichkeit der institutionellen Beziehungen zwischen den Menschen (objektive

---

[74] Zur Kritik der Mooreschen Argumente für die Existenz des NFS siehe Frankena 1974. Es geht ihm um den Nachweis, dass versteckte Synonymitäten zweier Ausdrücke A und B eben nicht offensichtlich sind, so dass Moores Argument der offenen Frage (open-question-argument) zum Teil entkräftet wird. Außerdem weist Frankena nach, dass „gut an sich" nicht grundsätzlich, sondern nur in einigen Beispielen undefinierbar ist.
Man kann Moore auch schon mit dem Hinweis kritisieren, dass er a) („Gut" ist ein undefinierbares Prädikat) nicht etwa beweist, sondern in einem zirkulären Argument zu zeigen versucht, dass gut undefinierbar sei, weil es sich nicht weiter in seine Bestandteile zerlegen lässt (Moore, Prinzipia Ethica, Abschnitt 6ff.). Daran kann man schon die Definitionstheorie kritisieren. Einen Gegenstand definieren heißt nach Moore, ihn in seine Bestandteile zu zerlegen. Moore setzt mit a) voraus, was er beweisen müsste.

[75] Siehe dazu auch Höffe 1988, S. 38ff. Höffe selbst stellt eine Reformulierung einer schwächeren Theorie des NFS vor, die Frankena erstmals vorgeschlagen hat. Frankena greift seinerseits auf Hare zurück. Als wichtigste These Höffes in diesem Zusammenhang fasse ich seine These auf, dass „das Gute (an sich)" nicht allein logisch aus deskriptiven Aussagen über die Beschaffenheit der Welt oder den Menschen ableitbar ist.

Sittlichkeit) im Unterschied zu Moralität als Sittlichkeit einer Person (subjektive Sittlichkeit), es fehlt die Spezifizierung der allgemeinen Idee der Sittlichkeit für den Bereich des Rechts." (Höffe 1988, S. 47)

Weil Höffe in einem ersten Schritt ein Prinzip und Kriterium des sittlich Guten nicht in theoretischen oder empirischen Aussagen formulieren möchte, kann man einem so gearteten Naturrecht nicht vorwerfen, einen NFS zu enthalten.

Ein zweites Element enthält die Überlegungen zu den Bedingungen, unter denen sich Rechtsprobleme erst stellen („circumstances of justice"). Dieses Element wird schon deswegen nötig, weil der „Standpunkt der Moral" (Höffe) allein noch keine Verbindlichkeiten für eine Rechtsordnung festlegt.

Diese Überlegungen gehen von einem Mensch als endlichem Vernunftwesen aus. Um der Gefahr eines „normativistischen Fehlschlusses" (aus normativen Überlegungen allein werden Verbindlichkeiten des menschlichen Lebens abgeleitet) zu entgehen, werden „in dem zweiten deskriptiven Schritt empirische Daten in der ganzen Fülle humanwissenschaftlicher Forschung" (Höffe 1988, S. 48) berücksichtigt.

In einem dritten Schritt soll die Verbindung des Prinzips der Sittlichkeit mit den Anwendungsbedingungen des Rechts geleistet werden. Das Ziel ist die Erreichung politischer Gerechtigkeit.

„Ein Naturrechtsdenken ohne naturalistischen Fehlschluss entspricht in seiner Grundstruktur einem praktischen Syllogismus: Aus einer normativen Prämisse, dem Prinzip der Sittlichkeit, und einer deskriptiven Prämisse, den Anwendungsbedingungen von Gerechtigkeit, wird die normative Konklusion gezogen, das Prinzip der Gerechtigkeit." (Höffe 1988, S. 49)

Das Prinzip und Kriterium der Sittlichkeit ist umstritten. Höffe nennt drei unterschiedliche Positionen:

a) Den „individualpragmatische[n] Ansatz des eigenen Wohlergehens und Selbstinteresses" nach Hobbes. Hier droht die Gefahr der performativen Inkonsistenz.[76]

---

[76] Siehe Hösle 1997, S. 146, Fußnote 42: „Ein universalistischer normativer Egoismus, wie wir ihn bei Hobbes antreffen, ist allerdings performativ [insofern] inkonsistent, dass Hobbes zwar jedem Menschen ein Recht auf eigennutzenmaximierende Handlungen zugesteht, dies aber als eigennutzenmaximierendes Individuum nicht tun dürfte (weil es in seinem Eigeninteresse wäre, dass einige nicht eigennutzenmaximierend handeln)." Der performative Selbstwi-

b) Das sozialpragmatische oder utilitaristische Kriterium des Wohlergehens aller Personen. Eine Variante davon ist Harts Position, die in 4.2.6 besprochen wird. Er geht im Anschluss an Hobbes und Hume vom kollektiven Interesse der Menschen am Überleben aus.

c) Kant, Rawls, Apel, Habermas u. a. gehen vom Kriterium strikter Universalisierbarkeit der Handlungsprinzipien aus.

Höffe präferiert als Kantianer c). Wenn man Naturrecht begründen möchte, kann man dem NFS nach Höffe entgehen. Ich halte den Vorwurf eines NFS für einen häufigen, aber nicht sehr starken Vorwurf gegen naturrechtliche Positionen, weil ich nicht denke,[77] dass es einen NFS in der von Moore behaupteten Form gibt. Meine Kritik richtet sich eher gegen die Behauptung eines sittlich Guten, das so anspruchsvoll charakterisiert wird, wie Höffe es tut. Darauf kann ich hier allerdings nicht eingehen.

4.2.3.6 Umfang naturrechtlicher Menschenrechtsbegründungen

Dieses Argument wird in einer veränderten Form als Kritik Kants noch einmal auftauchen.

Naturrechtliche und andere universelle Begründungsstrategien haben das Problem, dass man nur einige Menschenrechte begründen kann, wie wir am Beispiel Harts im übernächsten Abschnitt zeigen werden. Anschließend diskutieren wir Finnis als einen weiteren zeitgenössischen Vertreter einer naturrechtlichen Position.

---

derspruch wird durch Verbesserungen der Hobbes'schen Position (Utilitarismus und Kantianismus) entschärft.

[77] In Moores NFS gibt es a) möglicherweise keinen logischen Fehler und es handelt sich b) um ein Definitionsproblem (Kanitscheider 1986, S. 97). Kanitscheider kritisiert Moore an gleicher Stelle wegen der grundsätzlichen Konzeption der Mooreschen Ethik:
„Moores Ethik ist platonistisch in dem Sinne, dass er mit einem autonomen intellektuellen Vermögen arbeitet, das die Werte unmittelbar intuiert. Schon die Existenz eines solchen apriorischen Erkenntniszuganges ist heute wenig glaubwürdig, da wir wissen, wie die natürliche Auslese komplexere Strukturen erzeugt und die Mutationen Veränderungen in der Anatomie des Gehirns hervorrufen."

Zuvor soll gezeigt werden, dass in der Rechtsgeschichte – zum Teil wegen der genannten Argumente – naturrechtliche Positionen zugunsten positivrechtlicher Positionen aufgegeben wurden.

4.2.4 Motivierung eines vernunftrechtlichen Naturrechts: Ist Naturrecht noch zu retten?

An eine positive Rechtsordnung stellt Naturrecht[78] folgende Fragen:

1. Warum ist es richtig, dass überhaupt eine (ausschließlich positive) Rechtsordnung zwischen Menschen herrscht? Damit ist die Unmöglichkeit einer positivrechtlichen Legitimierung der positivrechtlichen Rechtsordnung angesprochen (Zirkelproblem).[79]
2. Kann eine positive Rechtsordnung Maßstäben richtigen (im Sinne von moralisch richtigen Rechts) genügen? Insbesondere bei prozeduralen Verfassungsgesetzgebungsfragen wird nicht nur nach Effizienz und Stabilität einer Rechtsordnung gefragt, sondern auch, ob sie Maßstäben politischer Gerechtigkeit genügt.
3. Welche Bereiche menschlichen Zusammenlebens sollen positivrechtlich geregelt werden? Wie in 1. ist die Frage, welche Gegenstände und Sachverhalte legitimer Weise positivrechtlich behandelt werden, nicht mit positivrechtlichen Mitteln allein zu beantworten.

Bei allen diesen Fragen geht es um politische Gerechtigkeit. In Konflikten der folgenden Art soll Naturrecht eine Lösung anbieten. Dabei verliert die vorhandene politisch-soziale Grundordnung ihre selbstverständliche Bedeutung, und unterschiedliche Rechts- und Staatsvorstellungen konkurrieren miteinander. Die konfliktträchtigen Situationen entstehen a) durch einen Wandel der persönlichen politisch-sozialen Einstellungen, b) wegen der Tatsache offensichtlicher Unrechtstaten, und es handelt sich c) um interne Wertkonflikte innerhalb pluralistischer Gesellschaften.

---

[78] Siehe Höffe 1988. Zur Darstellung und Kritik Höffes siehe Horser 1999, S. 258-263.
[79] Vernunftrechtlich muss die Rechtsordnung dann allerdings noch nicht begründet werden.

Eine Naturrechtlerin tritt jetzt auf den Plan mit dem Anspruch, zwischen den konkurrierenden Anschauungen

1. überhaupt entscheiden zu können (im Gegensatz zum ethischen Relativismus und Nihilismus), jedoch
2. nicht beliebig im Sinne politischer oder anderer Machtverhältnisse entscheiden zu können, im Gegensatz zum Dezisionismus, Empirismus oder Subjektivismus,
3. sittliche Grundsätze für den Bereich des Rechts begründen zu können, im Gegensatz zum ethischen Skeptizismus und metaethischen Kognitivismus.

Selbst wenn wir annehmen, dass eine naturrechtliche Position alle diese Probleme löst, so können wir sie, wie wir gesehen haben, auf verschiedene Weise kritisieren. Die Probleme des Naturrechts haben in der Rechtsgeschichte zur Hinwendung zum Rechtspositivismus geführt.

4.2.5 Vom Naturrecht zum Rechtspositivismus

In der Rechtsgeschichte haben naturrechtliche Begründungen des Rechts bis ins 19. Jahrhundert eine große Rolle gespielt. Die Ableitung der Menschenrechte aus einer Form des Naturrechts machte den Rückgriff auf Menschenwürde überflüssig. Nun wurden Zweifel an der Existenz angeborener, ewiger Rechte laut, die aus der Wesensnatur des Menschen oder der Welt ableitbar sein sollten. In der zweiten Hälfte des 19. Jahrhunderts stellten Historiker wie Ranke, Droysen und Burckhardt und Philosophen wie Dilthey (siehe Wetz 1998, S. 92ff.) die Existenz von etwas Übergeschichtlichem überhaupt in Frage.
Wenn alle Lebensformen und alle kulturellen Erscheinungen von der Geschichte abhängen, so ist der Rückgriff auf jegliches Naturrecht zur Begründung der Menschenrechte unzulässig. Hier soll nicht über die Zulässigkeit von Naturrecht befunden werden, sondern lediglich eine Kritik beschrieben werden, die im 19. Jahrhundert geäußert wurde.
Die oben Genannten sahen Geschichte als wechselvollen, unbeständigen Prozess an, in dem zeitunabhängiges, überzeitliches Recht keinen Platz hatte.

Dilthey ging noch weiter. Er sah Geschichte als einzige Instanz menschlicher Orientierung. Was wir tun sollen oder können, sagt uns die Geschichte. „Was der Mensch ist, sagt ihm nur seine Geschichte", schreibt Dilthey (siehe Dilthey 1977, Band 8, S. 226). Vertreter der *Historischen Rechtsschule* nahmen diese Überlegungen auf und leiteten Rechte, Menschenrechte eingeschlossen, nicht mehr aus Naturrecht ab. Savigny führte das gesamte Recht auf den Volksgeist zurück: „Das Recht wächst [...] mit dem Volke fort, bildet sich aus diesem, und stirbt endlich ab, so wie das Volk seine Eigentümlichkeit verliert" (von Savigny 1814, S. 11). Egal, wie der Volksgeist interpretiert wird[80], für Historisten stand fest, dass Geschichte nicht nur Recht erzeugt, sondern auch legitimiert. Entstehungs- und Geltungsgrund allen Rechts sind nicht nur verbunden, sondern sogar identisch.

Bis zum Rechtspositivismus ist es von hier nur noch ein kleiner Schritt. Nach rechtspositivistischen Vorstellungen ist Recht etwas „Gesetztes", d. h. von Menschen Gemachtes und Festgesetztes. Rechtspositivisten verwerfen spekulative Gedanken über ein in der Natur zu findendes Recht, das Menschen kraft ihrer Vernunft oder wie auch immer finden können. Recht gilt ihnen als geschöpft und erfunden, nicht als entdeckt und gefunden.

Kelsen[81], Bergbohm und andere Vertreter rechtspositivistischer Auffassungen kritisierten Naturrecht wegen seiner folgenden Schwächen:

---

[80] Wetz 1998, S. 67, nennt drei Interpretationsrichtungen: Eine metaphysische (Volksgeist als etwas organisches Ganzes, aus dem sich Recht entwickelt), eine lebensweltliche (Volksgeist als Ausdruck verschiedener Lebensstile, Sitten und Institutionen eines Volkes) und eine konservative Richtung (Volksgeist als historisch gewachsene Rechtskultur, die wegen ihres langen Bestehens legitimiert ist).

[81] Kelsen expliziert Naturrecht und positives Recht, indem er das eine vom jeweils anderen abgrenzt. Naturrecht unterscheidet sich dabei vom positiven Recht durch folgende Merkmale (siehe Kelsen 1989, S. 77-81):

1. Naturrecht ist nicht von Menschen geschaffen und daher nicht bloß „willkürlich". Naturrecht ist deshalb notwendigerweise gerecht.
2. Die Normen des Naturrechts, die aufgrund einer „natürlichen" Ordnung gelten, sind ebenso „einleuchtend" (Kelsen 1989, S. 78) wie die der Logik. Sie gehen nämlich unmittelbar „aus der Natur, aus Gott oder der Vernunft" (Kelsen ebenda) hervor. Um die Normen des Naturrechts zu realisieren bedarf es deshalb keines äußeren Zwanges.
3. Eng mit 2. hängt Folgendes zusammen: „Daß das Naturrecht, kraft seiner Provenienz aus einem absoluten Wert, absolute Geltung beansprucht, ist gleichbedeutend damit, daß es – seiner reinen Idee entsprechend – als eine ewige, unveränderliche Norm auf-

1. Naturrecht ist ohne Fundament, d. h. die Natur bzw. die Menschen sind nicht so beschaffen, wie Naturrechtler glauben.
2. Aus dem, was ist, d. h. aus Strukturen in der Natur, die für die Existenz bzw. Gültigkeit von Naturrechten relevant sind, kann nicht abgeleitet werden, was folgt.
3. Naturrecht ist oft nichts anderes als verhüllt vorgetragene politische Wünsche, die man so gegen Kritik immunisiert.

Recht ist nichts weiter als das, was Menschen für Recht erklären und durchsetzen können: Das ist die Formel, auf die man rechtspositivistische Vorstellungen bringen kann.

Im 20. Jahrhundert waren rechtspositivistische Vorstellungen vor dem Hintergrund der unsäglichen Gräueltaten der nationalsozialistischen und der stalinistischen Gewaltherrschaft diskreditiert, denn Recht sollte nach diesen Erfahrungen mehr als nur durchsetzbar, d. h. auch erzwingbar sein. Der Naturrechtsgedanke erlebte nach dem 2. Weltkrieg eine Renaissance. Allerdings konnten sich die Väter des Grundrechts nicht auf eine naturrechtliche Begründung von Rechten einigen. Die Vorstellungen waren zu verschieden. Wie sollte dann begründet werden, dass Unrecht auch dann Unrecht bleibt, wenn es „in Form des Rechts gegossen ist" (Radbruch)?

Für die Vertreter naturrechtlicher Positionen, die jetzt besprochen werden, ist Naturrecht aus anderen Gründen attraktiv.

4.2.6 Harts Rekonstruktion des Naturrechts als Menschenrecht auf Leben

Es handelt sich um einen auf empirischer Basis rational begründeten Minimalansatz (Hinkmann 1996, S. 35). Als Voraussetzung macht Hart die empirische Prämisse, dass alle überleben wollen. Genauer: Die überwiegende Zahl der Menschen wünscht, dass die überwiegende Zahl der Menschen dies will.

---

tritt. Demgegenüber ist das positive Recht in seiner bloß hypothetisch-relativen Geltung eine seinem immanenten Sinne nach durchaus wandelbare, den örtlich wie zeitlich veränderlichen Verhältnissen sich anpassende Ordnung." (Kelsen 1989, S. 86).

Es sollen diejenigen Tatsachen festgestellt werden, von denen angenommen werden kann, dass sie dieses empirisch feststellbare Ziel des Überlebens der Menschen am ehesten gewährleisten.

4.2.6.1 Die deskriptiven Prämissen

1. Der Mensch ist physisch verletzbar (für die folgenden Prämissen siehe Hinkmann 1996, S. 35-38). Das ist eine triviale, aber keine notwendige Wahrheit. Regeln zum Schutz vor Verletzungen sind für das Überleben der Menschen notwendig.
2. Zwischen den Menschen besteht ungefähre Gleichheit. Kein Mensch kann über alle anderen Menschen herrschen. Dies gilt schon wegen physischer Notwendigkeiten. Daraus folgt die Notwendigkeit gegenseitiger Duldung.
3. Menschen haben sowohl egoistische als auch altruistische Interessen. Falls sich Menschen entweder wie Engel oder wie Teufel verhielten, wäre ein Regelsystem in beiden Fällen unsinnig. Das Minimalziel des Überlebens macht die Überwindung des Hobbes'schen Naturzustandes („homo homini lupus est") wünschenswert und notwendig, da dies das Überleben nicht gewährleistet.
4. Der Mensch bedarf bestimmter Grundgüter der Nahrung und Kleidung, um zu überleben, da er ein Mängelwesen ist (Arnold Gehlen). Diese Güter stehen aufgrund der Knappheit natürlicher Ressourcen nur in begrenztem Ausmaß zur Verfügung. Daher müssen Regeln den Schutz der Grundgüter sicherstellen.
5. Um das Trittbrettfahrersyndrom auszuschalten, sind soziale Sanktionen notwendig. Sie garantieren denjenigen, die kooperieren, dass sie nicht denjenigen geopfert werden, die dies nicht tun. Diese Sanktionen sind in erster Näherung keinen Beschränkungen unterworfen, z. B. ist Tötung als Sanktionsmechanismus einer Gemeinschaft nicht grundsätzlich verboten, solange dieser Mechanismus den Zweck erfüllt, das Überleben der Menschen zu gewährleisten.

Aus der empirisch feststellbaren Präferenz des Überlebens ist mit Hilfe deskriptiver Prämissen ableitbar, dass es wünschenswert und notwendig ist, erstens ein

System von Regeln zu etablieren, das Gebote der Unterlassung enthält, die die Verwirklichung dieser Präferenz gewährleisten. Zweitens ist ein Sanktionsmechanismus notwendig, der dieses Regelsystem unterstützt, da es Trittbrettfahrer innerhalb kurzer Zeit zum Einsturz bringen könnten.

4.2.6.2 Kritik des Hart'schen Konzeptes

Der erste Kritikpunkt (Hinkmann 1996, S. 39) besteht darin, dass sich sowohl über den Inhalt als auch über den Sanktionsmechanismus mit diesen deskriptiven Prämissen nichts sagen lässt.

Auch die Kriterien, die festlegen, welche Regelübertretungen wie sanktioniert werden, lassen sich unter dem Gesichtspunkt der möglichen Veränderung der Konstellationen nicht mit Hilfe der genannten Prämissen bestimmen.

Schließlich bleiben eine Reihe von Fragen unbeantwortet, die Hart beantworten sollte:

- Welche normativen Prämissen können also begründet vorausgesetzt werden, ehe der relativierende Prozess der Abwägung einsetzt?
- Ist es möglich, einem positiven Recht einen Bereich der Normativität überzuordnen, der die Grenzen des positiven Rechts festlegt?
- Es ist denkbar, für kleine Regelverstöße jemanden zu töten. Nach welchen Kriterien soll festgelegt werden, wer überleben darf und wer geopfert werden soll?
- Ein Tötungsverbot wäre der einzige Kandidat, der ein vernünftiges Kriterium für alle denkbaren Konstellationen bereitstellen würde. Um dieses Tötungsverbot zu etablieren, bedarf es allerdings einer Begründung, die auf normativen Prämissen beruht.
- Welche normativen Prämissen müssen zugrunde gelegt werden, um die Ergebnisse der Abwägungsprozesse in bessere Übereinstimmung mit unseren Intuitionen zu bringen?

Insgesamt bleibt der Ansatz Harts also unvollständig.

4.2.7 John Finnis: Rationale Begründung von Menschenrecht als Naturrecht

4.2.7.1 Grundbegriffe

Finnis hält Menschenrechte im Rahmen einer objektivistischen Werttheorie naturrechtlich für rational begründbar. Er verwendet *human rights* und *natural rights* sogar synonym.

In der Konzeption von Finnis sind die Individuen als Normadressaten gegenüber der Gemeinschaft vorrangig, da sich erstens die Gemeinschaft immer aus Individuen zusammensetze und wichtiger – zweitens – das *common good* fordert, dass das Wohlergehen jedes Einzelnen zu allen Zeiten und in allen Situationen beachtet und gefördert werden müsse. Finnis versucht die Schwäche der Hart'schen Theorie, Naturrecht empirisch-rational zu begründen, zu beheben und dabei gleichzeitig die praktische Relevanz von Regeln für das Überleben der Gemeinschaft hervorzuheben. Finnis kritisiert die Hart'sche Position als funktional und insofern unzureichend, als universell gültige Normen allein mit deskriptiven Prämissen nicht begründbar sind. Außerdem kann Hart, so Finnis, nur den Teil der Begründungsproblematik angehen, der die Konsequenzen bestimmter Regeln enthält.

Finnis unterscheidet zwei Ebenen seiner Theorie mit unterschiedlichem Anteil an normativen Elementen: die primäre Ebene enthält die *basic values*, die sekundäre enthält die *moral values*. Die *basic values* sind den *moral values* vorgeordnet und konstitutiv für den Bereich der Moralität, jedoch kein Bestandteil derselben. Der Zusammenhang zwischen *basic* und *moral values* wird über den *basic value* der praktischen Vernünftigkeit hergestellt. Die praktische Vernünftigkeit ist dadurch charakterisiert, dass sie die Realisierung der anderen *basic values* erst möglich macht und zu begründeten praktischen Urteilen führt.

Außerdem führt Finnis neun Prinzipien ein, die zusammen die praktische Vernünftigkeit definieren. Schematisch lässt sich der Zusammenhang zwischen den wichtigsten Begriffen der Finnisschen Position so darstellen:

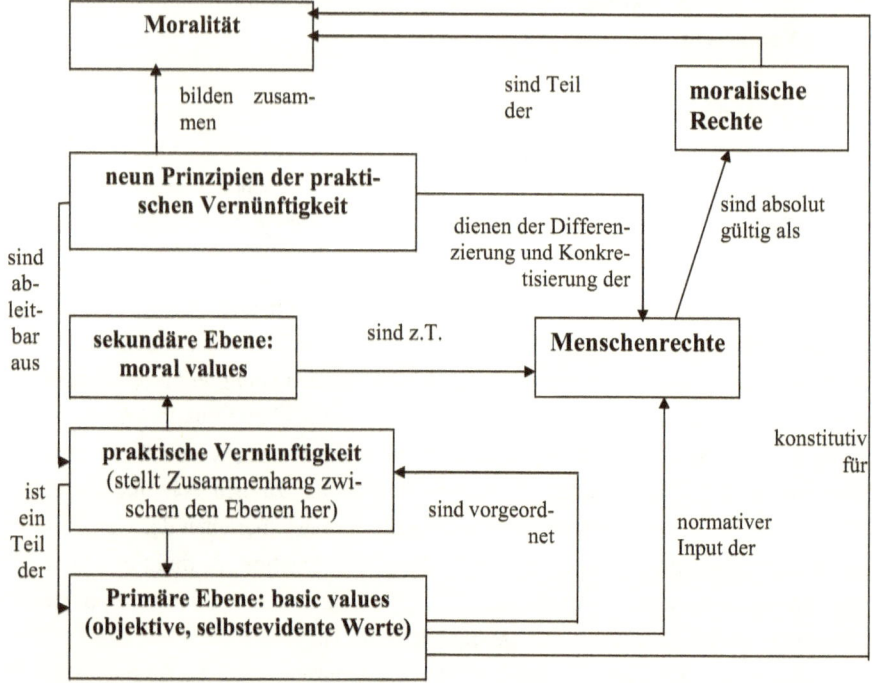

Abb. 1: Schema der Position Finnis' mit systematischem Ort der Menschenrechte

Menschenrechte erhält Finnis als absolut gültige moralische Rechte durch Zusammenwirken der *basic values* als dem normativen Input der Theorie und deren Ausfächerung durch die Prinzipien der praktischen Vernünftigkeit. Es gibt aber Menschenrechte, wie das Recht auf Leben, das direkt ein *basic value* ist. Andere Menschenrechte sind keine *basic values*.[82]

---

[82] Das Recht auf freie Meinungsäußerung ist z. B. ein *moral value*, so dass keine klare Zuordnung des Menschenrechtsbegriffs zu einer der beiden Ebenen möglich ist.

4.2.7.2 Darstellung von Finnis' Position

Die sieben *basic values* sind: Leben, Wissen[83] bzw. Erkenntnis, Spiel, ästhetische Erfahrung bzw. Schönheit, Freundschaft bzw. Solidarität, praktische Vernünftigkeit und Religion.

Diese Werte sind jeweils nicht auf einen oder mehrere andere Werte reduzierbar. Außerdem lassen sie sich nicht einfach unter Vergnügen oder Glückseligkeit subsumieren.

Begründet wird das mit einem „Gehirn-im-Tank"-Argument:
Angenommen es gäbe eine Maschine, die im Gehirn einer Versuchsperson mittels elektronischer Reizübertragung alle Erfahrungen und Gefühle stimulieren könnte, die von der Person gewünscht werden. Die Person existiert in dieser Zeit samt Gehirn in einer Nährlösung in einem Tank, so dass die Stimulation bloße Simulation ist. Auch wenn die Person vor Beginn des Versuchs darüber informiert worden ist, dass sie gleich an eine Maschine angeschlossen wird, die sie nach Wunsch mit Stimulationen versorgen wird, so empfindet sie während des Versuchs alles als „wirklich".

Vor Beginn des Versuchs muss sie sich entscheiden, ob sie für immer an die Maschine angeschlossen werden möchte oder nicht angeschlossen wird. Fast jeder, so Finnis, wird sich dafür entscheiden, nicht angeschlossen zu werden:

> „The fact is, that if one would not chose top plug in the experience machine *at all*. For one wants to *do* certain things (not just to have the experience of doing them); one wants to *be* a certain sort of person, [...]" (Hinkmann 1996, S. 42).

Die *basic values* sind außerdem intuitiv einsichtig, selbstevident. Sie müssen nicht begründet werden und können nicht begründet werden. Sie haben einen intrinsischen Wert, der keiner Instrumentalisierung unterliegt und haben so, im Gegensatz zu den *moral values*, einen Eigenwert.

---

[83] Was soll die Behauptung heißen, Wissen sei ein Wert? Finnis gebraucht *good* und *value* synonym. Die *basic values* sind keine moralischen Werte. Sie sind aber Voraussetzungen für die *moral values*. Finnis sagt nicht, warum Wissen ein Wert ist. Dass dies so ist, betrachtet er als selbstevident, intuitiv einsichtig und deshalb weder als begründungsbedürftig noch als begründungsfähig.

Aus den folgenden neun Prinzipien der praktischen Vernünftigkeit lässt sich nach Finnis der Bereich der Moralität generieren:
1. Gefordert wird die Entwicklung eines rationalen, kohärenten Lebensplanes.
2. Es darf keine willkürliche Abwertung einzelner Werte geben, da die *basic values* alle gleichwertig sind.
3. Es darf keine willkürliche Bevorzugung einzelner Personen geben, die Träger dieser Werte sein können.
4. Gefordert wird Offenheit, genauer die Fähigkeit, sich vom eigenen Standpunkt zu lösen.
5. Finnis fordert die Übernahme von Verantwortung, die längerfristiges Vertrauen der anderen Personen in die eigenen Dispositionen ermöglicht.
6. Finnis führt limitierte Folgenberücksichtigung als Effizienzkriterium ein.
7. Menschen sollten keine Entscheidungen treffen, die sich direkt gegen einen der *basic values* richten. Finnis benutzt also eine abgewandelte Form des Kategorischen Imperativs, die besagt, dass die Freiheit jedes Einzelnen durch die Freiheit der anderen Personen begrenzt wird, da jede Maxime dem Kriterium der Universalisierbarkeit genügen muss.
8. Ziel ist die Verwirklichung des Gemeinwohls einer Gemeinschaft.
9. Alle Menschen sollen bewusst und gewissenhaft handeln.

Außerdem unterscheidet Finnis zwei Arten der Interpretation des Rechts: Dreigliedrige Verbindungen zwischen einer Person, einer Handlungsbeschreibung und einer weiteren anderen Person und zweigliedrige Verbindungen zwischen einer Person und einem geistigen Artefakt. In der *Allgemeinen Erklärung der Menschenrechte* tritt bereits diese Unterscheidung auf: (a) „Jeder Mensch hat das Recht auf..." und (b) „Niemand darf..." sind die beiden kanonisierten Formulierungen, die immer wieder auftreten. Formallogisch sind a und b äquivalent. Also könne der Unterschied nicht in der Inanspruchnahme der Rechte, sondern in der Ausübung bestehen, so Finnis. Andernfalls hätte eine Formulierung ausgereicht. Absolute Geltung erkennt er nur der zweigliedrigen Form zu. Die Menschenrechte, die auf die *basic values* zurückgeführt werden können oder selbst *basic values* genannt werden, sind zweigliedrige Verbindungen mit universeller Geltung. Wenn sie konkretisiert werden, müssen sie in dreigliedrige Verbindungen überführt werden. Bei dieser Konkretisierung sind spezifische, kulturabhängige Werte und Normen relevant, die große Diskrepanzen aufweisen. Aus der Vielfalt der Werte lässt sich noch nicht auf die

„Hinfälligkeit des universellen normativen Geltungsanspruchs der zweigliedrigen Verbindungen schließen – ein Argument, auf das fast alle relativistischen Positionen Bezug nehmen. Darüber hinaus wird durch diese Charakterisierung der Menschenrechte mit Hilfe von zwei- und dreigliedrigen Verbindungen auch dem von Relativisten erhobenen Vorwurf der dogmatischen Unwandelbarkeit des Menschenrechtstopos begegnet: Da auch die universell gültigen Menschenrechte der Transformation in dreigliedrige Verbindungen bedürfen, um von moralischen in juridische Rechte überführt zu werden, bleibt ein Spielraum erhalten für kulturspezifische Ausprägungen, solange die Menschenrechte nicht in ihrem Wesensgehalt verletzt werden, der durch die zweigliedrige Verbindung beschrieben wird." (Hinkmann 1996, S. 44f.)

4.2.7.3 Kritik Finnis'

a) Eine objektivistische Werttheorie hat folgende Probleme: Objektive Werte scheint es nicht zu geben. Mindestens ist unklar, wie wir objektive Werte als solche erkennen können.

b) Finnis verwendet eine intuitionistische Wertbasis. Die Gefahr selbstevidenter Werte liegt in einer Hypostatisierung der eigenen Weltanschauung. Die *basic values* sind eher subjektive als objektive Werte. Ein Vorwurf könnte lauten, sie seien westliche Werte.

c) Sind alle *basic values*, verstanden als nicht-instrumentelle Werte, den Prinzipien der praktischen Vernünftigkeit überhaupt zugänglich? Finnis verhält sich hier metaphysisch in Bezug auf die *basic values*. Spiel ist irrational in dem Sinne, dass es sich nicht Regeln praktischer Vernünftigkeit unterwirft.

d) Die Gleichwertigkeit der *basic values* ist fragwürdig (2. Prinzip der praktischen Vernünftigkeit). Wer sich ins Kloster zurückzieht, um dem *basic value* der Religion besondere Bedeutung beimessen zu können, kann in Konflikte mit dem *basic value* des Spiels geraten. Was soll also im Fall konfligierender *basic values* getan werden? Finnis gibt darauf keine überzeugende Antwort.

e) Sind die neun Prinzipien der praktischen Vernünftigkeit wirklich Prinzipien der *praktischen* Vernünftigkeit? Wenn nicht, dann braucht Finnis einen weiteren *basic value*. Die Forderung eines rationalen, kohärenten Lebensplans ist kein Prinzip der praktischen Vernünftigkeit, sondern Folge einer Überlegung, die die Rolle *theoretischer* Vernunft betont. Der Status und die konstruktive Rolle der neun Prinzipien ist nicht klar. 4-9. sind Forderungen an Menschen, die tatsächlich dem Leben gemäß einer Moralität dienen können. 2. jedoch ist eine Regel, die die Gleichwertigkeit der *basic values* fordert. Sie ist anders als die Prinzipien 4.-9. eine Meta-Regel. Diese wird mittels praktischer Vernünftigkeit konstruiert, die gleichzeitig ein *basic value* ist, eine Art Super-Wert. Damit sind nicht alle *basic values* gleichwertig, sondern das Prinzip der praktischen Vernünftigkeit ist herausgehoben. Was zeichnet dann die praktische Vernünftigkeit vor den anderen *basic values* aus?

f) Woraus folgen die neun Prinzipien der praktischen Vernünftigkeit? Sie lassen sich z. B. nicht aus den sieben *basic values* herleiten. Zur Erinnerung: Die *basic values* sollen einerseits für die Moralität konstitutiv sein und andererseits selbst nicht zum Bereich der Moralität zählen. 8. (Verwirklichung des Gemeinwohls einer Gemeinschaft) ist z. B. eine letztlich politische Forderung, die zwar mit dem *basic value* der Solidarität zusammenhängt, aber nicht zwingend folgt.

Aus dem *basic value* der praktischen Vernünftigkeit lassen sich die genannten neun Prinzipien ebenfalls nicht konstruieren. Die Forderung eines rationalen, kohärenten Lebensplanes (Prinzip 1) ist z. B. eine von metaphysischen Annahmen beeinflusste Vorentscheidung.[84]

Weitere Fragen schließen sich an. Sie können hier nicht behandelt werden:

g) Ist es so, dass sich der Bereich der Moralität aus den neun Prinzipien der praktischen Vernünftigkeit generieren lässt?

h) Nehmen wir einmal an, dass sich der Bereich der Moralität so generieren ließe, wie Finnis behauptet. Ist dann die Finnissche Charakterisierung des Umfangs der Moralität und das, was Moralität ausmacht, gut begründbar?

---

[84] Finnis könnte das Prinzip der praktischen Vernünftigkeit so weit anreichern, dass die anderen Prinzipien schon enthalten sind. Dann bräuchte er allerdings gar nicht mehr von neun Prinzipien sprechen. Da er von neun *gut unterscheidbaren* Prinzipien spricht, sollte er angeben, woraus diese folgen. Eine schematische Darstellung des Ansatzes verdeutlicht die Schwierigkeiten, die durch die Stellung der praktischen Vernünftigkeit entstehen.

4.3 Kant: Eine transzendentalphilosophische Begründungsstrategie

Auch Kant fasst Menschenrechte naturrechtlich auf. Sein apriorisches Naturrecht als Vernunftrecht ist sehr einflussreich[85] und wird deshalb hier gesondert besprochen. Wir wollen zunächst Kants Begründung der Menschenrechte skizzieren und sie dann aus verschiedenen Perspektiven kritisieren. Insgesamt wird Kants Begründung als zu anspruchsvoll verworfen.

4.3.1 Menschenrecht bei Kant

Fragen wir zunächst nach dem Umfang der Menschenrechte bei Kant. Natürlich wusste Kant nicht von der Vielzahl der Menschenrechte, die heute kodifiziert sind oder deren Befolgung moralisch, juristisch oder politisch gefordert werden. Es geht ihm vor allem um die Freiheitsrechte, wenn er von Menschenrechten spricht. Mehr noch spricht er von einem Menschenrecht, dem Menschenrecht auf Freiheit nämlich, aus dem sich alle anderen ableiten:

> „*Freiheit* (Unabhängigkeit von eines Anderen nöthigender Willkür), sofern sie mit jedes Anderen Freiheit nach einem allgemeinen Gesetz zusammen bestehen kann, ist dieses einzige, ursprüngliche, jedem Menschen kraft seiner Menschheit zustehende Recht" (Kant 1797 AA VI, 237).

Ebenfalls in der *Grundlegung zur Metaphysik der Sitten* leitet er alle weiteren grundlegenden Prinzipien wie Gleichheit und Selbstständigkeit, d. h. politische Selbstständigkeit des Staatsbürgers ab.

Das Menschenrecht als Vernunftrecht hat bei Kant keine deskriptive, sondern normative Funktion. Es wird nicht aus der physischen oder psychischen Natur des Menschen abgeleitet, sondern ist „auf lauter Principien a priori" (Kant 1797 Aa VI, S. 237) aufgebaut.

Was heißt „a priori" hier? Das apriorische Vernunftrecht soll unabhängig von empirischen Umständen sein, d. h. von kulturellen, historischen, wirtschaftlichen, sozialen oder religiösen Bedingungen existieren. Da dieses Recht uneinge-

---

[85] Auch Martha C. Nussbaum, die in Kapitel 5 behandelt wird, ist stark kantisch beeinflusst. Otfried Höffe ist Kantianer und versucht über einen transzendentalen Interessentausch Menschenrechte zu fundieren.

schränkt gelten soll, d. h. universell für alle Menschen, kommt für Kant[86] nur das Recht auf Freiheit in Frage.

Diese Freiheit ist sehr modern konzipiert. Sie wird nach zwei Seiten beschränkt. Die individuelle Freiheit jedes einzelnen Menschen findet an der Freiheit aller Anderer ihre Beschränkung, so dass sich die Freiheitsansprüche der Individuen wechselseitig beschränken (Göller (Hg.) 1999, S. 163). Kant sagt, die Freiheit eines jeden müsse mit der Freiheit eines anderen gemäß „einem allgemeinen Gesetz zusammen bestehen" können. Auf der anderen Seite muss auch der Staat die Freiheit der Bürger achten, wenn er kein despotischer Staat sein will.

Es gibt ein allgemein formulierbares, ein allen potenziell einsichtiges Gesetz, welches als eine Grundnorm für alle positiven Gesetze gilt. Die Prinzipien Freiheit und – daraus ableitbar – Selbstständigkeit und Gleichheit, sind nicht

> „Gesetze, die der schon errichtete Staat giebt, sondern nach denen alleine eine Staatserrichtung reinen Vernunftprincipien des äußeren Menschenrechts gemäß möglich ist" (Kant 1793, S. 290).

Modern und aktuell ist hier die Forderung, dass ein Staat, will er ein Rechtsstaat sein, nicht grundlegende Rechtsnormen erlassen oder verleihen kann. Im Gegenteil: Er muss sich ihnen gemäß verhalten, wenn er nicht als despotisch oder tyrannisch gelten will. Staaten sollten, mit Kant gesprochen, das Prinzip eines universellen Menschenrechts nicht antasten, weil dieses erst eine Bedingung für die Möglichkeit der Existenz eines Rechtsstaates ist. Die Begründungsrichtung wird von Kant umgedreht, indem ein Staat seine Legitimität durch das Beachten des Menschenrechtsgedankens erst unter Beweis stellt und Rechte und Freiheiten dadurch legitimiert, dass er sie gewährt.

Das Niveau der Menschenrechtsdebatte ist damit auf ein bis dahin unerreichtes gehoben: Kant hat erstmals explizit einen Maßstab für die Legitimität eines Rechtsstaats entworfen.[87]

---

[86] Hier folgt Kant Rousseau.
[87] Göller 1998, S. 164, fasst die Elemente des „Menschenrechts der Freiheit" so zusammen:
1. Solange jemand nicht die Freiheitsrechte anderer beeinträchtigt, darf er „seine Glückseligkeit auf dem Wege suchen, welcher ihm selbst gut dünkt" (Kant 1793, S. 290), d. h. er darf nach seinem Gutdünken handeln. Bei Kant heißt es, jeder dürfe so lange seinem individuellen Weg zum Glück nachgehen, wie er „nur der Freiheit Anderer, einem ähnlichen Zwecke nachzustreben, die mit der Freiheit von jedermann nach einem möglichen Gesetze zu-

Selbst wenn wir zugestehen, dass Kants Verständnis des Menschenrechts auf Freiheit umfassender ist als auf den ersten Blick einsehbar und obwohl aus ihm noch weitere Rechte (z. B. Recht auf Meinungsfreiheit) ableitbar sind, so können wir Kant aus verschiedener Perspektive kritisieren.

4.3.2 Kritik an Kant

Für Kant ist das Menschenrecht unmittelbar durch Vernunft einsehbar. Selbst wenn dem so wäre, ist der folgende Schluss Kants falsch:

„Wenn nicht etwas ist, was durch Vernunft unmittelbare Achtung abnöthigt (wie das Menschenrecht), so sind alle Einflüsse auf die Willkür der Menschen unvermögend, die Freiheit derselben zu bändigen [...]" (Gemeinspruch AA VIII, S. 306)

Ein Dammbruch dieser Art ist aber nicht zwingend. Die „Freiheit der Willkür" kann gebändigt werden und es gibt zwischen der Kantischen Vernunft und der Willkür noch andere Mittel, um Menschen zur Anerkennung von Menschenrechten zu bewegen. Ein möglicher Weg ist, ihnen klar zu machen, dass sie ein Eigeninteresse auf Menschenrechte haben.[88]

---

sammen bestehen kann, (d.i. diesem Rechte des Andern) nicht Abbruch thut." (Kant 1793, S. 290).

2. Kant fordert die „durchgängige Gleichheit der Menschen in einem Staat" (Kant 1793, S. 291), d. h. die Gleichheit der Bürger ohne Adelsprivilegien vor dem Gesetz. Allerdings beschränkt Kant das Mitwirkungsrecht auf die männlichen Besitzbürger (Kant 1793, S. 295).

3. Die Bürger eines Staates haben ein Partizipationsrecht an der Gesetzgebung. Jeder Bürger ist prinzipiell „Mitgesetzgeber" (Kant „Grundsatz der Gleichheit", S. 291). In Kants Worten: „Was ein Volk über sich selbst nicht beschließen kann, das kann der Gesetzgeber auch nicht über das Volk beschließen." (Kant 1793, S. 304)

[88] Hoerster 1983, S. 227ff. zeigt, dass wichtige moralische Regeln intersubjektiv durch Interessenabwägungen und mittels hypothetischer Imperative sowie weiterer Voraussetzungen begründet werden können.

Ein Beispiel bietet die zu begründende Norm „Für alle ist es verboten, jemanden zu töten." Fast alle Menschen können beispielsweise ihr Überleben gemäß dieser Norm sichern, indem sie zusätzlich zum hypothetischen Imperativ „Wenn P überleben soll, dann darf man ihn nicht töten" zusätzlich die folgenden Prämissen akzeptieren:

1. Jeder hat ein größeres Interesse am eigenen Überleben als am (gelegentlichen) Töten.
2. Jeder kann sein Überlebensinteresse in der Gesellschaft dadurch und nur dadurch sichern, dass er auf sein (ihm geringerwertiges) Tötungsinteresse verzichtet.

Ich skizziere im Folgenden weitere Kritikpunkte:

a) *Kant begründet keine sozialen Rechte (Anspruchsrechte).*

Diese Beschränkung Kants hängt mit der überragenden Rolle zusammen, die Kant der Freiheit zumisst: Er leitet Prinzipien aus dem einen Menschenrecht auf Freiheit ab. Sein Rechtsprinzip der gleichen Freiheit ist formal im gleichen Sinn wie der kategorische Imperativ formal ist. Was heißt das? Formal im transzendentalen Sinne Kants heißt,

> „dass dem unbedingten des Freiheitsrechtspostulats kein letztgültiger Inhalt in der Erscheinungswelt zugeordnet werden kann, jeder Inhalt aber doch an diesem Postulat zu messen ist." (Luf 1978, zitiert nach Bielefeld 1999, S. 71)

Der Formalismus Kants vermag alle Rechte zu begründen, solange sie im noumenalen Reich der praktischen Vernunft sind. Was geschieht bei der Transformation dieses Rechts in geltendes Recht? Bei der Konstituierung von Recht vermitteln allgemeine Gesetze zwischen dem apriorischen Prinzip (dem unbedingten Freiheitspostulat) und der kontingenten, empirischen Praxis:

> „Recht ist die Einschränkung der Freiheit eines jeden auf die Bedingung ihrer Zusammenstimmung mit der Freiheit von jedermann, insofern diese nach einem allgemeinen Gesetze möglich ist." (Gemeinspruch, AA, VIII, S. 289f.)

Da Kant Recht so definiert, liegt der Verdacht nahe, dass soziale Anspruchsrechte oder kulturelle Rechte so nicht begründet werden können. Höffe macht deutlich, dass Kant nicht alle Klassen von Menschenrechten gleichermaßen begründen kann:

> „Das Recht betrifft die äußere Freiheit, unabhängig von der nötigenden Willkür anderer beliebiges zu tun und zu lassen, nicht die innere oder moralische Freiheit, die Unabhängigkeit von den eigenen Trieben, Bedürfnissen und Leidenschaften. Mit der Aufgabe, das Zusammenleben äußerer Freiheit vor aller wechselnden Erfahrung zu ermöglichen, hebt Kant das Entscheidende der Anwendungsbedingung [des Rechts] heraus und macht die Diskussion aller Zusatzprobleme zur Makulatur [...] Selbst das Problem, warum sich freie Subjekte gegenseitig beeinflussen, beispielsweise weil sie wegen der begrenzten Erde den gemeinsamen Lebensraum miteinander teilen, ist un-

---

Unter diesen Zusatzprämissen ist es für P begründet, ein allgemein akzeptierten Tötungsverbot zuzustimmen. Als weitere Beispiele für intersubjektiv begründbare Normen nennt Hoerster die Garantie des wirtschaftlichen Existenzminimums, „den Schutz der körperlichen Unversehrtheit und eines zumindest gewissen Maßes an Bewegungs- und Handlungsfreiheit" (Hoerster 1983, S. 231), den Schutz des Privateigentums und die Sicherstellung der Einhaltung von Versprechen und Verträgen (Hoerster 1983, S. 231).

erheblich. Weil es dem Recht um die äußere Freiheit in sozialer Perspektive geht, sind alle Gesichtspunkte des Inneren, nämlich Bedürfnisse und Interessen, nur dann rechtserheblich, wenn sie handlungsmächtig werden und sich in der äußeren Freiheit darstellen. Die Rechtsgemeinschaft ist für Kant keine Solidargemeinschaft der Bedürftigen, sondern eine Freiheitsgemeinschaft zurechnungsfähiger Subjekte [...]" (Höffe 1983, S. 212f.)

Damit misst Kant den Bedürfnissen keine Rolle bei der Begründung von Rechten bei. Außerdem ist die Rechtsgemeinschaft keine Solidargemeinschaft, mehr noch, ein Staat hat auch gar nicht die Aufgabe, soziale Rechte zu gewähren.

„Die beste Regierungsform ist nicht die worinn am bequemsten zu leben (Eudämonie) sondern worin dem Bürger sein Recht am meisten gesichert ist." (Metaphysik der Sitten, Teil 1, XXVIII 257)[89]

Kant sieht die Gefahr, dass eine Regierung zur Despotie wird, wenn sie ihren Bürgern mit deren unterschiedlichen Glücksvorstellungen gerecht werden will. Wenn eine Regierung so handelt, entmündigt sie ihre Bürger (Gemeinspruch, VIII 302).[90]

Für Kant hat im Unterschied zum modernen Verständnis des Staates als Sozial- und Wohlfahrtsstaat der Staat nicht die Aufgabe, sich um politische Gerechtigkeit zu kümmern.

b) *Gemäß Kant ist das Vermögen einer reinen praktischen Vernunft enorm. Sittlichkeit ist erst wegen dieses Vermögens möglich.*
Für die praktische Vernunft reicht

„die klare Überzeugung, daß, wenn es auch niemals Handlungen gegeben habe, die aus solchen reinen Quellen entsprungen wären, dennoch hier auch gar nicht die Rede sei, ob dies oder jenes geschehe, sondern *die Vernunft für sich selbst und unabhängig*

---

[89] Die Übersetzung von „eudaimonia" als „Glück" oder „Glückseligkeit" führt bei Kant zu Missdeutungen (siehe Gröschner et al. 2000, S. 37). Es ist nämlich gar nicht „am bequemsten", in einem Zustand der „Eudämonie" zu leben, sondern erfordert lebenslange Anstrengungen, den Zustand der „Eudaimonia" zu erreichen:
„Eudaimonia besteht nämlich keineswegs in lebenslangem Wohlbefinden und beständiger Zufriedenheit oder im Begünstigtsein durch den Zufall, sondern darin, das Leben als Ganzes gut zu führen, als nicht nur bezüglich unseres Empfindungswohls, sondern durchaus etwa auch in moralischer Hinsicht." (Gröschner et. al. 2000, S. 37)
[90] Argumente für eine sozialstaatliche Solidargemeinschaft kann man nach Höffe (1983, S. 214) trotzdem finden. Z. B. ist Handeln nach dem Prinzip der Wohltätigkeit laut Kant immerhin eine Tugend- und keine Rechtspflicht (Tugendlehre, VI 448f.).

> *von allen Erscheinungen gebiete, was geschehen soll* [Hervorhebungen nicht im Original; Anmerkung des Autors], mithin Handlungen, von denen die Welt bisher noch gar kein Beispiel gegeben hat, an deren Tunlichkeit sogar der, der alles auf Erfahrung gründet, sehr zweifeln möchte, dennoch durch Vernunft unnachläßlich geboten seien, und daß z. B. reine Redlichkeit in der Freundschaft um nichts weniger von jedem Menschen gefordert werden könne, wenn es gleich bis jetzt keinen redlichen Freund gegeben haben möchte, weil diese Pflicht als Pflicht vor aller Erfahrung in der Idee einer den Willen durch Gründe a priori bestimmenden Vernunft liegt."
> (Grundlegung zur Metaphysik der Sitten, Ak. IV, 408)

Hier irrt Kant: Falls es, wie im Beispiel Kants, bisher noch keinen redlichen Freund gegeben hat, so ist das ein starker Hinweis darauf, dass die Forderung der Redlichkeit für Menschen unerfüllbar ist. Wir könnten dann eine schwächere, aber erfüllbare, d. h. realistische Forderung nach Redlichkeit formulieren. Doch stärker als dieses Argument wiegt der Einwand Kanitscheiders gegen die kursiv hervorgehobene Behauptung Kants:

> „Im epistemologischen Bereich kann man leicht einsehen, dass die klassische Erkenntnistheorie, z. B. in ihrer transzendental-philosophischen Gestalt, mit einer Abstraktion arbeitet, die für die realen biologischen Wesen, für die die Theorie konstruiert wurde, gar nicht gegeben ist, nämlich die Existenz einer reinen Vernunft. Die Vernunft ist nicht ein in einem platonischen Ideenhimmel angesiedeltes Vermögen, sondern die Tätigkeit eines Biosystems, nämlich des Neokortex, und da dieser mit den anderen Teilsystemen des Zentralnervensystems in dauernder Verbindung und steter Wechselwirkung steht, kann gar keine Rede davon sein, dass die emotiven Einstellungen, die Verhaltensdispositionen, die voluntativen Elemente, wie sie etwa im limbischen System aktiviert werden, völlig ohne Einfluss bleiben. Es kann sich bei der Autonomie der Vernunft immer nur um eine relative Unabhängigkeit handeln." (Kanitscheider 1986, S. 98)

Wie Kanitscheider glauben wir nicht an ein spezielles Vermögen, das Kant reine praktische Vernunft nannte, weil es nach heutigem humanwissenschaftlichen Kenntnisstand keinen guten Grund dafür gibt.[91]

---

[91] Koppelberg, in: Keil, Schnädelbach (Hg.) 2000, S. 82f. spricht im Anschluss an Quine von einem methodologischen Naturalismus. Wer, wie ich, einen methodologischen Naturalismus im Sinne Koppelbergs vertritt, stimmt folgenden drei Thesen zu: Es ist nicht Aufgabe der Philosophie, die Wissenschaften zu fundieren oder zu begründen (Antifundierungsthese). Zweitens hat die Philosophie „keinen epistemisch privilegierten Standpunkt gegenüber den Wissenschaften, vielmehr gibt es zwischen ihr und den Wissenschaften eine bestimmte Art von Kontinuität" (Kontinuitätsthese). Die Wissenschaftlichkeitsthese formuliert und fordert drittens die Verwendung wissenschaftlicher Untersuchungen und Ergebnisse auch innerhalb der

c) *Ein strategisches (pragmatisches) Argument ist, dass Moralität bei Kant keine empirischen Gründe hat.*

Um Menschen von der Nützlichkeit (Vorteilhaftigkeit u. a.) zu überzeugen, ist aber ein Hinweis auf eine empirisch messbare Konsequenz oder auf einen empirisch feststellbaren Missstand überzeugender als der Verweis auf die Tätigkeit einer praktischen Vernunft. Dieses Argument wird in Kapitel 5 noch genauer formuliert werden.[92]

d) *Die Rolle der moralischen Autonomie kritisiert Rorty (2001, S. 181f.)*[93] *in geschickter Weise.*

„Jedermann denkt, dass Autonomie im Sinne der Freiheit von äußeren Zwängen eine feine Sache ist. Niemand mag menschliche oder göttliche Tyrannen. Aber der spezifische kantianische Sinn der Autonomie – dem zufolge moralische Entscheidungen, die der Vernunft folgen, besser sind als Entscheidungen, die den Einfluss von Erfahrung zulassen – ist eine ganz andere Sache." (Rorty 2001, S. 182).

Philosophie. In Bezug auf Kant heißt das: Kants Philosophie hat keine privilegierte Stellung gegenüber Erkenntnissen humanwissenschaftlicher Forschung, wie das Kanitscheider umrissen hat (Kontinuitätsthese). Falls wissenschaftliche Erkenntnisse gegen die Kant'sche Konzeption der menschlichen Vernunft sprechen, so ist die Position Kants revisionsbedürftig. Zwei der relevanten wissenschaftlichen Erkenntnisse sind: Das Gehirn ist evolutiv als Überlebensorgan entstanden (biologische Anthropologie, Evolutionstheorie). Wer das akzeptiert, wird die Fehlbarkeit und Begrenztheit menschlicher Vernunft leichter einsehen. Zweitens können mentale Zustände in bestimmten Bereichen des Gehirns lokalisiert werden, d. h. bestimmte Bereiche des Gehirns sind z. B. beim Sprechen stärker aktiv als andere (Einsatz der PET in Neurologie und Neurophysiologie). Gehirnvorgänge sind, vielleicht nicht nur, aber mindestens auch, biochemisch-elektrische Vorgänge. Sie sind vielleicht nicht monistisch zu erklären. Eine vollständige Trennung kognitiver oder anderer mentaler Prozesse in einen nichtmateriellen Teil und einen materiellen Teil ist aber unwahrscheinlich.

[92] Natürlich war es eine wichtige Erkenntnis Kants, dass normative Sätze synthetische Sätze a priori sind (Hösle 1997, S. 165). Kant hätte sich gegen den in d) geäußerten Vorwurf vehement gewehrt: Er hätte erklärt, dass apriorische Sätze mit dem Hinweis auf aposteriorische Gesetze weder widerlegt noch begründet werden können.

[93] Rorty beschränkt das Feld der Moralphilosophie zu sehr, z. B. indem er Moralprinzipien lediglich die Aufgabe zuweist, moralische Intuitionen abzukürzen. Dann können wir schlecht moralische Entscheidungen begründen, was aber für die Durchsetzung von Normen wichtig wäre. Wenn mich jemand fragt, warum eine Norm gilt, kann ich ihm antworten: „Vorausgesetzt, du lässt dich auf ein rationales Vorgehen ein, dann werden dich meine Gründe vielleicht überzeugen."

Diese Kritik richtet sich auch gegen Kantianer. Rorty nennt Korsgard, die „vielleicht ausgezeichnetste und bestimmt kompromissloseste" (Rorty 2001, S. 182) aller kantianischen Moralphilosophen. Es schließt sich eine Polemik Rortys an, deren Kern folgende Kritik enthält. Natürlich kann man wie Korsgard an eine besondere Art von Motivation glauben, die „Moral" heißt und daran, „dass moralische Motivation, wenn sie existiert, nur autonom sein kann" (Korsgard, zitiert nach Rorty 2001, S. 182). Wer einen Doktor in Moralphilosophie bekommen möchte, der muss das Sprachspiel lernen, wie man den komplizierten technischen Ausdruck „Autonomie" gebraucht. Rorty stört die Annahme vieler seiner englischsprachigen Kollegen, dass sie die „Idee einer ‚spezifischen moralischen Motivation'" (Rorty 2001, S. 182f.) einfach voraussetzen und damit aus „Moral" etwas Geheimnisvolles machen.

Ein kommunitaristische Kritik Kants, die auf Hegel zurückgeht, trägt Bielefeldt so vor:

> „Gleichwohl ist die kommunitaristische Kantkritik insofern berechtigt, als Kant die lebensweltlichen Implikate seines Maximenbegriffs in der Tat so gut wie nicht expliziert. Zwar erwähnt er beiläufig, daß zur Applikation und Ausübung des moralischen Gesetzes eine 'durch Erfahrung geschärfte Urteilskraft' erforderlich sei (GMS, AA IV, S. 389). Ansonsten aber kommt, wie Hannah Arendt festgestellt hat, die Urteilskraft, der Kant schließlich eine eigene umfangreiche Kritik gewidmet hat, in seiner praktischen Philosophie paradoxerweise kaum vor (vgl. Arendt 1989). Schlimmer noch: Kants Beispiele, vor allem sein notorisches Beispiel vom Verbot aus Menschenliebe zu lügen (vgl. AA VIII, S. 423ff.), lassen gelegentlich einen geradezu grotesken Mangel an Urteilskraft erkennen. Es hat den Eindruck, daß Kant die strenge Universalisierbarkeitsfähigkeit, in der sich die Unbedingtheit des moralischen Anspruchs darstellt, in starr-unveränderliche Maximen hinein übersetzt, die die Unbedingtheit des Sittlichen in gleichsam zeitloser Reinheit repräsentieren sollen." (Bielefeldt 1998, S. 57 f.)

e) *Kant trennt streng Nicht-Empirisches von Empirischem und Klugheit von Moral.*

Rorty fährt mit seinem „philosophischen Helden" fort, Dewey, der es als schwerwiegenden Fehler betrachtet, Moral von Klugheit zu trennen und einen autonomen Bereich der Moral wie Kant zu postulieren. Dewey argumentiert so:

> „Aus einer postdarwinistischen Sicht [...] kann es keinen scharfen Bruch zwischen empirischem und nicht-empirischem Wissen geben, genauso wenig wie zwischen empirischen und nicht-empirischen Fakten und Werten. Jegliche Untersuchung [...]

besteht darin, das Netz unserer Wünsche und Überzeugungen in einer Weise erneut zu flechten, die uns mehr Glück sowie reichere und freiere Leben ermöglicht. All unsere Urteile sind fallibel. Unbedingtheit [u. a.] sind keine Dinge, nach denen wir streben sollten." (Rorty 2001, S. 183)

Der strenge Dualismus (Empirisches – Nicht-Empirisches) ist nach Dewey nicht mehr aufrechtzuerhalten. Dewey betrachtet ihn als verabscheuungswürdiges Relikt platonischer Philosophie, das hinweggefegt werden sollte (Rorty 2001, S. 183).

Ich kritisiere Kant nur wegen seiner übertriebenen Reinlichkeitsvorschrift, die besagt, man solle Empirisches[94] von Nicht-Empirischen trennen, weil diese Unterscheidung so nicht möglich ist.

Wir verlassen an dieser Stelle Kant[95], der auch in der Philosophie Nussbaums wichtig ist. Ihrem Konzept der grundlegenden menschlichen Fähigkeiten und Funktionen ist das nächste Kapitel gewidmet.

---

[94] Eine Kritik des Kantianers Höffe ist leider nur angedeutet. Er kritisiert Kant wegen den fehlenden empirischen Elementen in Kants Rechtsbegründungen:
„Zwar übernehmen die empirischen Elemente keine Begründungsfunktion, sie spezifizieren nur den Anwendungsbereich des Rechts. Aber was Kant nicht hinreichend deutlich werden lässt: ohne generelle empirische Elemente kommt eine philosophische Rechtslehre nicht aus." (Höffe 1983, S. 211)

[95] Zur weiteren Kritik siehe Bielefeldt 1998, S. 58f., der Lewis White Becks Vorwurf des Kategorienfehlers nennt. Dabei geht es um die Vermischung des „apodiktischen Charakter[s] des moralischen Sollens mit der syntaktischen Form ausnahmslos geltender Maximen". Demgegenüber habe Beck nachgewiesen, so Bielefeldt, dass „nach der Systematik der Kantischen Maximenethik auch *apodiktisch-hypothetische* Imperative möglich sein müssen, d. h. apodiktische Imperative, die als 'Wenn-Dann-Bedingungen' formuliert sind [...]" (Bielefeldt 1998, S. 58). Dieser Analyse können wir nicht mehr nachgehen.

5 Nussbaum: Menschliche Fähigkeiten und Funktionen (Human capabilities approach)

Die amerikanische Philosophin Martha Craven Nussbaum entwickelt seit Ende der 90er Jahre des 20. Jahrhunderts ein neoaristotelisches, essentialistisches, normativ-evaluatives Konzept der menschlichen Fähigkeiten[96], das stark politisch, anthropologisch, kosmopolitisch und feministisch[97] motiviert ist. Kern des Konzeptes ist eine heterogene Liste mit Funktionen und Fähigkeiten aller Menschen. Dieses Konzept wird hier der Ausgangspunkt zur Begründung universeller Menschenrechte sein.

5.1 Voraussetzungen

Nussbaums Anleihen bei Aristoteles sind sowohl methodologisch als auch inhaltlich motiviert und werden zuerst besprochen. Da es sich um einen essentialistischen Neoaristotelismus handelt, wird anschließend skizziert, was Nussbaum unter Essentialismus versteht.
Eine dritte Voraussetzung ist eine intuitive Idee Nussbaums, die hinter dem Ansatz steht.

5.1.1 Neoaristotelismus

In Aristoteles' Teleologie kommt jedem Gegenstand und jedem Lebewesen eine oder mehrere charakteristische Fähigkeiten zu, denen gemäß beispielsweise ein Töpfer erst zum Töpfer wird.

---

[96] Nussbaum betont, dass sie in kritischer Auseinandersetzung mit Amartya Sen ihren Ansatz entwickelt hat. Sen hatte seit 1980 eine ähnliche Position innerhalb der Ökonomie vertreten (Nussbaum 2000, S. 70, insbesondere Fußnote 65).

[97] Nussbaums neuestes Buch heisst „Women and Human Development". Nussbaums Philosophie ist durchzogen von feministischen Überlegungen. Nussbaum hat lange Zeit am WIDER (World Institute for Development Economics Research) in Indien gearbeitet. Menschenrechte fordern und fördern heißt für sie, Frauenrechte zu fördern, denn in einem Land wie Indien leiden Frauen besonders unter den ökonomischen und gesellschaftlichen Bedingungen (Nussbaum 2000, S. 1-3, S. 24-30: „India: Sex-equality in theory, not in reality").

Nussbaum versucht, das spezifisch menschliche Tätigsein und die spezifisch menschlichen Funktionen, die dazu nötig sind, zu bestimmen. Um ein menschliches Leben zu führen, müssen bestimmte Minimalfähigkeiten ausgebildet werden, und um ein gutes menschliches Leben zu führen, müssen darüber hinaus zusätzliche Funktionen eines Menschen vorhanden sein. Folgerichtig nennt Nussbaum ihre Theorie an einigen Stellen eine „Dichte vage Theorie des Gutes" (Nussbaum 1995, S. 74), denn ihr theoretisches Ziel ist die Formulierung einer Theorie des guten (gelingenden) Lebens. Genauer geht es Nussbaum um die Formulierung der Zwecke sowie um den Gesamtgehalt und Inhalt der menschlichen Lebensform.

In aristotelischer Tradition steht auch die große Rolle der Erfahrung, die Nussbaum bei der Bestimmung der basalen Fähigkeiten und Funktionen menschlichen Lebens beimisst. Die Befragung der Menschen, was diese denn wollen, ist oft der erste Schritt zur Verbesserung ihrer Situation. Nussbaum gesteht ein, dass der Umgang mit der Erfahrung eher einem Gang auf einem Hochseil als einem ruhigen und sicheren Geschäft entspricht: Auf der einen Seite droht Unterwürfigkeit gegenüber der Erfahrung (die Menschen wollen alles, was sie sagen) und auf der anderen Seite westliche Vernunftgläubigkeit (durch kritische Reflexion können wir herausbekommen, was diese verwirrten, schlecht denkenden Menschen wirklich wollen).

5.1.2 Der internalistische Essentialismus Nussbaums[98]

Nussbaum ist in folgendem Sinn Essentialistin: Das menschliche Leben hat bestimmte zentrale und universale Eigenschaften. Diese spezifisch menschlichen (substanziellen) Eigenschaften können in aristotelischer Manier von den akzidentellen Eigenschaften abgegrenzt werden.[99]

---

[98] Folgender Essentialismus ist nicht gemeint: Wir erkennen das Wesen des Menschen im platonischen Sinn oder durch Scheler'sche Wesensschau. Ein ewiges, rein rational erkennbares Wesen gibt es nicht. In diesem starken Sinn gibt es kein Wesen, denn bis heute konnte kein Wesen dieser Art überzeugend ausgewiesen werden. Deshalb sollten wir vorläufig davon ausgehen, dass es ein solches Wesen nicht gibt.
[99] Siehe dazu Aristoteles 1980, Buch IV, Kapitel 2 und Buch VII, Kapitel 1.

Nussbaums Essentialismus ist internalistisch, weil man

> „nämlich die Überzeugung hegen [könnte], dass die gründlichste Untersuchung der menschlichen Geschichte und des menschlichen Erkennens *von innen heraus* nach wie vor eine mehr oder weniger determinierte Erklärung des Menschen zutage fördert [...]" (Nussbaum, 1993, S. 329).

Eine solche Erklärung würde beispielsweise sagen, dass die Eigenschaften der Rothaarigkeit, der Kenntnis der japanischen Sprache und des Besitzes von 10000 Dollar nicht substanziell sind. Wir können uns gut Menschen vorstellen, die keine der drei Eigenschaften haben, ohne zu behaupten, sie seien keine Menschen, weil sie keine der Eigenschaften haben. Dagegen nennt Nussbaum folgende substanziellen Eigenschaften, die Menschen erst zu Menschen machen: Die Fähigkeit, sich Gedanken über die Zukunft zu machen, die Fähigkeit, auf die Ansprüche anderer zu antworten oder die Fähigkeit, zu handeln oder sich zu entscheiden.

5.1.3 Das intuitive Vorgehen Nussbaums

Die intuitive Idee, die hinter dem Ansatz steht, ist zweifach (siehe Nussbaum 2000, S. 71f.): Erstens sind einige Funktionen menschlichen Lebens zentral. Gemeint ist, dass sie typischerweise als Indikator für menschliches Leben verstanden werden. Zweitens gibt es etwas besonders Menschliches im Ausüben der Funktionen. Nussbaum verdankt diesen Punkt der Marx'schen Aristoteles-Interpretation: Wir essen im Beispiel Marxens als hungernder Mensch nicht im vollen menschlichen Sinn. Marx meint nach Nussbaum, dass der hungernde Mensch eben nicht auch aufgrund praktischer Vernunft seine Mahlzeit organisiert und durchführt. Er greift gierig das Essen und schlingt es in sich hinein, nur um zu überleben. Die sozialen Aspekte der Nahrungsaufnahme werden hierbei nicht sichtbar.

In der weiteren Darstellung werden im ersten Schritt drei Strömungen skizziert und im Nussbaum'schen Sinn kritisiert. Zuvor möchte ich Nussbaums ethische Position in einen größeren Zusammenhang stellen.

5.2 Wo können wir die ethische Position Nussbaums einordnen?

Nussbaum ist Aristotelikerin. Sowohl in ihrer Philosophie als auch in ihren Motiven und in ihren Erwiderungen gegen Kritiker spricht sie ausdrücklich als Aristotelikerin.

„Für Aristoteles' ethischen Standpunkt ist [...] eine anthropologische und moralphilosophische Struktur kennzeichnend, die [...] den allgemeinen Kern der menschlichen Lebensform kontextsensitiv zu erfassen" versucht (Sturma 2000, S. 258).

Den Nussbaum'schen Aristotelismus zeichnet außerdem Folgendes aus:

a) Ähnlich wie die meisten Kommunitaristen deutet auch Nussbaum die aristotelische Ethik universalistisch. Das ist keinesfalls selbstverständlich, auch wenn es nahe liegt.[100]

b) Neoaristotelisch ist der Ansatz Nussbaums schon wegen der zentralen Begriffe der menschlichen Natur, der sozialen Gerechtigkeit, der Lebensqualität und des guten Lebens.[101]

c) Bei Nussbaum tritt der Aristotelismus wie schon dargestellt im Gewand des Essentialismus auf.

d) Auffällig sind die kosmopolitischen Bestimmungen Nussbaums: Sie ist der Meinung, dass der ursprüngliche Rahmen der aristotelischen Ethik und Politik um eine universalistische Theorie der Rechte erweitert werden muss. Hier steht Nussbaum in der Nähe Kants[102], nach dem die uneingeschränkte Ach-

---

[100] Eine partikularistische Aristotelesinterpretation liefert MacIntyre (siehe MacIntyre 1987), der, wie in Kapitel 2 gesagt, ein philosophischer Gegner der Menschenrechte ist. Rezeptionsgeschichtlich ist der universalismuskritische Neoaristotelismus ein selten beschrittener Sonderweg. Es lassen sich nur wenige Punkte bei Aristoteles finden, die eine partikularistische Interpretation stützen können. Trotzdem ist eine tugendethische Universalismuskritik einflussreich.

[101] Zur aristotelischen Ethik sei nur so viel gesagt: Der Mensch als Wesen, das seiner Natur nach in einer staatlichen Gemeinschaft lebt und über Sprache verfügt, hat die Möglichkeit moralische Verhältnisse – „das Gerechte und das Ungerechte" (Politik 1253a) – auszudrücken. Das höchste Gut ist die Erlangung von eudaimonia (Glückseligkeit). Eine sehr knappe Skizze der aristotelischen Ethik bietet Sturma 2000, S. 258f.

[102] Nussbaums Position ist in folgender Weise sowohl gegen eine Kantische Ethik als auch gegen eine utilitaristische Ethik gerichtet. Nussbaum kritisiert Kant wegen der Orientierung an ausschließlich formalen Gesichtspunkten. Sie vermisst die Bezüge zur Lebenswelt. Die Abstraktheit der Kantischen Ethik verhindert zudem die Anwendung auf gegenwärtige ethi-

tung gegenüber Personen die Grundlage jeder Ethik und Politik zu sein hat. Nussbaum findet aber auch in der stoischen Philosophie Belege für eine solche Erweiterung der Sichtweise Aristoteles'.[103]

5.3 Nussbaums philosophische Gegner

Nussbaum wendet sich gegen eine utilitaristische Maximierung des (gesellschaftlichen) Gesamtnutzens, gegen den politischen Liberalismus, mit dem sie aber auch Gemeinsamkeiten hat, und gegen die traditionelle Ökonomie. In ihre Kritik schließt sie die Entwicklungshilfe-Ökonomie ein, die Wohlstand am Brutto-Sozial-Produkt misst.

5.3.1 Nussbaums Kritik am Utilitarismus: Zugleich eine Kritik des *homo oeconomicus*

Nussbaum (siehe Nussbaum 1997, S. 280ff.), die sich hier auf Sen (siehe Sen 1998) beruft, lehnt entschieden die Vorstellung des *homo oeconomicus* ab. Danach sind Menschen rationale Akteure, die im sozialen Raum ihren Eigennutz optimieren wollen. Soziale Verhaltensweisen können danach aus kalkuliertem Marktverhalten abgeleitet und vorausgesagt werden. Natürlich sind Modelle der Ökonomie viel komplizierter, aber den Kern bildet das einfache Modell vom rationalen Egoisten.[104]

Der Ansatz dieses Modells ist falsch, denn Menschen handeln so, dass Elemente des Wohlergehens nicht die Folge enger egoistischer Nutzenkalkulationen sind:

---

sche und politische Fragen. Lediglich das Kriterium der moralphilosophischen Konsistenz übernimmt Nussbaum direkt von Kant.
[103] Siehe Nussbaum 1999 („Gerechtigkeit oder Das gute Leben").
[104] Sowohl Nussbaum als auch Vertreter des politischen Liberalismus (z. B. Rawls) stehen sich in diesem Punkt nahe. Ich möchte betonen, dass auch Nussbaum (und Sen) spiel- und entscheidungstheoretischen Überlegungen ethisches Gewicht einräumen. Dort haben wir es auch schon mit nicht völlig egoistischen Akteuren zu tun, sondern mit altruistischem Verhalten, das sogar schädlich für den altruistischen Akteur sein kann.
Es geht sowohl Nussbaum als auch Rawls um eine Zurückweisung und eine Korrektur „der in der Ökonomie verherrschenden vereinfachten Vorstellung von menschlichen Handlungsmotivationen." (Sturma 2000, S. 263)

„Zum Wohlergehen von Personen gehören in der Regel Handlungen und Verhaltensweisen, die sich auf eine Vielzahl anderer Personen richten. Darüber hinaus ist der Umstand, frei handeln zu können, selbst eine Qualität, die Nutzenkalkulationen vorgeordnet ist." (Sturma 2000, S. 263f.)

Diese Kritik kann selbst von einem Utilitaristen[105] geäußert werden, der seine eigene Theorie verbessern möchte. Nussbaum kritisiert die einfache Präferenzstruktur des *homo oeconomicus* so:

„Das gute Leben für einen Menschen setzt sich aus einer Mehrzahl unterschiedlicher Momente zusammen, von denen keines auf das andere reduzierbar ist – eine Tatsache, die jeder von einem einzigen quantitativen Maßstab ausgehende Ansatz schlicht verdeckt." (Nussbaum 1993, S. 359)[106]

Ein weiterer Kritikpunkt richtet sich gegen die Vorstellung, ein Mensch handle dann rational, wenn er intern konsistent handelt. Wer also in vergleichbaren Situationen einmal Option a wählt, dann b, um schließlich zu a zurückzukehren, handelt irrational. Damit ist für Sen zu viel und zu wenig unterstellt:

„Too little because there are non-choice sources of information on preference and welfare as these terms are usually understood, and too much because choice may reflect a compromise among a variety of considerations of which personal welfare may be just one." (Sen 1998, S. 89)

Das rational-choice-Modell ist zu eng, weil es Verpflichtungen, Bindungen und Engagements, die im sozialen Raum eingegangen werden, nicht berücksichtigt. Die Handlungsmotivationen sind also weit komplexer als im kritisierten Modell angenommen. Da sowohl die Handlungsmotivationen als auch utilitaristische Gleichheitskonzepte in der Vorstellung des individuellen Nutzens konvergieren, verwundert es nicht, dass auch utilitaristische Theorien kritisiert werden. Fragen

---

[105] Zur Kritik am Utilitarismus siehe auch Hösle 2000, S. 191, Fußnote 191. Er beschreibt die bissig-ironische Kritik Kierkegaards in „Furcht und Bangen": Wer meint, das Kriterium für die Richtigkeit einer Handlung sei ihr Erfolg, der müsse trotzdem einsehen, dass die Entscheidung über die Handlung vorher gefällt werden müsse. Auch dem Helden, der schon im Augenblick der Handlung ein Held sei, nütze es wenig, wenn er das glückliche Resultat noch nicht kenne. Ich bezweifle, dass das ein gutes Argument gegen den Utilitarismus ist, wie Kierkegaard und Hösle meinen. Es weist aber auf Probleme unbeabsichtigter Konsequenzen hin, die gelegentlich auftauchen, und auf das Problem, trotz unvollständigen Wissens handeln zu müssen. Dieses Problem taucht (fast) immer auf.

[106] In ihren jüngsten Arbeiten (siehe Nussbaum 2001, S. 80 und 85) stellt sie ihre Übereinstimmungen mit Mill in Bezug auf adaptive (erlernte) Präferenzen heraus, so dass ihre Position nicht durchweg utilitaristischen Positionen ablehnend gegenübersteht.

nach dem größtmöglichen Gesamtnutzen werden oft über die Bestimmung eines individuellen Grenznutzens beantwortet. Sens Einwand gegen ein solches Vorgehen besteht darin, dass bei einer bloß formal ausgelegten distributiven Gerechtigkeit die Benachteiligung derer eher noch größer wird, die schon vor einer Verteilungssituation benachteiligt sind, z. B. durch soziale Umstände. Ein Beispiel ist die medizinische Versorgung chronisch Kranker.

Nussbaum weist außerdem darauf hin, dass die einseitige Ausrichtung an Wünschen und Präferenzen keineswegs sichere Indikatoren für die wahren Bedürfnisse eines Menschen sind. Wünsche sind immer schon Ausdruck der Lebenssituation der Befragten.

„Die Wünsche passen sich der Situation des Mangels an, und das Bewusstsein anderer Möglichkeiten bringt oft steigendes Unbehagen und Unzufriedenheit mit sich. Solche Tatsachen legen den Verdacht nahe, dass Nutzenkategorien als Maß von Lebensqualität dazu beitragen können, den Status quo zu erhalten, wie mangelhaft er auch sei; und das sollte die Suche nach adäquateren Mitteln motivieren." (Nussbaum 1993, S. 350)

Die Probleme der Autonomie und des Paternalismus (hier ist das Spannungsverhältnis zwischen Aufklärung und Bevormundung gemeint) werden in 5.5.1.2 behandelt.

Um den Problemen des Utilitarismus zu entgehen, ordnet Nussbaum die Ökonomie der Ethik nach, ohne die wechselseitige Beeinflussung von Ethik und Ökonomie aus dem Blick zu verlieren.

5.3.2 Kritik des politischen Liberalismus am Beispiel Rawls'

Rawls' politischer Liberalismus (siehe Rawls 1975) beherrschte lange die Diskussion. Die Hauptgegner waren Kommunitaristen, z. B. Walzer und Nussbaum (bis Ende der 1980er Jahre). Rawls' Theorie enthält Folgendes:

1. Er beginnt mit einem hypothetischen Szenario, in dem Menschen als Subjekte, nicht als Individuen, d. h. abstrahiert von konkreten Wünschen, einen Gesellschaftsvertrag schließen. Rawls stellt die Frage, wie Individuen

in Unkenntnis der konkreten Bedingungen dieses Vertrages entscheiden würden,[107] also ohne die Gesellschaftsform u. a. zu kennen.

2. Rawls erwartet wegen der eben genannten Bedingungen, dass die Individuen die Konsequenzen für jedermann bedenken und insofern faire Grundsätze für die gesellschaftlichen Institutionen wählen.

3. Gerechtigkeit bedeutet also Fairness. Außerdem hat das Rechte gegenüber dem Guten Vorrang. Begründungstheoretisch steht Rawls Position auf zwei Beinen:

   a. Personen sind unabhängig voneinander existierende Individuen, deren Rechte nicht von Vorstellungen über das, was gut ist, unterlaufen werden können. Dieser Satz gilt kategorisch.

   b. Auf der Ebene kultureller und politischer Willensbildung ist keine Auffassung vom guten Leben privilegiert.

4. Rawls Theorie ist kantisch wegen eines deontologischen Selbst. Das Selbst ist seinen inhaltlichen Wertungen normativ vorausgesetzt. Und: Das Selbst hat vor seinen Zielen Vorrang. Die Entscheidungen von Personen können niemals vollständig durch das konstituiert werden, wofür sie sich entscheiden.[108] Das Selbst ist ein sich selbst verpflichtendes Subjekt, also eine „Handlungsinstanz, die durch die Eigenschaft definiert ist, aus vernünftigen Gründen handeln zu können" (Sturma 2000, S. 270).

Nussbaums Kritik setzt an drei Punkten an:

1. *Der Zusammenhang von Moralität und Natur des Menschen*

   Gegen die Ausdifferenzierung von Moralität und der Natur des Menschen bei Kant und bei Rawls wendet sie ein, dass sowohl die Methodik falsch ist als auch ein „falsches Verständnis der Präsenz von Personen im politischen Raum" (Sturma 2000, S. 271) vermittelt wird. Kant, Rawls sowie andere Vertreter des politischen Liberalismus trennen zwischen moralischer und politischer Dimension auf der einen Seite und der Natur des

---

[107] Die von Rawls an dieser Stelle angenommene Entscheidungsfreiheit wird im kommunitaristischen Neoaristotelismus kritisiert. In dieser Arbeit ist ausschließlich vom *essentialistischen* Neoaristotelismus die Rede, sofern nichts anders gesagt wird.

[108] „The self is prior to the ends which are affirmed by it; even a dominant end must be chosen from among numerous possibilities." (Rawls 1971, S. 560)

Menschen auf der anderen Seite. Zwar repariert der politische Liberalismus einige Einseitigkeiten utilitaristischer Positionen, aber das genügt Nussbaum nicht: Rawls führt eine Konzeption gesellschaftlicher Grundgüter ein (primary social goods). Dazu zählen neben Rechten, Freiheiten, Lebenschancen, Einkommen und Vermögen auch Selbstachtung. Damit geht er weit über die Parameter hinaus, die standardmäßig in der Ökonomie zur Messung des Lebensstandards angewendet werden. Nussbaum kritisiert, dass dieses Konzept vernachlässigt, wie diese Güter von den Menschen genutzt werden (können). Lebenschancen und Lebensqualität können nicht mit dem Rawls'schen Ansatz erfasst werden, so Nussbaum. Nehmen wir an, dass bestimmte Mengen an Grundgütern verteilt werden. Dann ist das noch nicht gleichbedeutend mit der Erhöhung der persönlichen Freiheit, wie Rawls meint, sondern für Nussbaum höchstens eine ihrer Voraussetzungen.

Warum kritisiert Nussbaum Rawls an dieser Stelle? Ein Zug ihrer neoaristotelischen Auffassung besteht in der Annahme, dass die „Verschiedenheit der konkreten Lebenssituationen im politischen Raum" nicht „mit quantitativen Verfahren der Nutzen- und Gleichheitsfeststellung" (Sturma 2000, S. 272) zu erfassen ist.[109]

2) *Die Konzeption gesellschaftlicher Grundgüter*

Mit Bezug auf die aristotelische Tugendlehre wendet die Neoaristotelikerin Nussbaum ein, Grundgüter wie Besitz, Einkommen und Wohlstand seien nicht schlechthin gut, sondern nur wichtige Mittel zur Erreichung der *eudaimonia* (siehe Aristoteles, Nikomachische Ethik 1099af.).

3) *Der Status einer Theorie des Guten*

Rawls trennt die Theorie des Rechten von der Theorie des Guten, indem er der ersten auf Kosten der zweiten einen Vorrang einräumt. Der Neoaristotelismus bestreitet nicht nur die Vorrangthese Rawls, sondern die

---

[109] Die neoaristotelische Kritik an dieser Stelle ist gerade deshalb so interessant, weil sie unerwartet ist. Nussbaum (und Sen) kritisieren den Liberalismus dort, wo er meint, argumentativ am stärksten zu sein: bei der Erfassung ethischer Voraussetzungen der Individualität. Diese Voraussetzungen hängen wesentlich davon ab, welche Lebenschancen ein Individuum überhaupt nutzen kann. Wenn die Menschen einander ähnlicher wären als sie es sind, könnte Rawls Theorie der Gerechtigkeit besser fruchten.

Umkehrung der These im Kommunitarismus. Für eine Neoaristotelikerin hängen Recht und das Gute (das gute Leben) so eng miteinander zusammen, dass sie nicht getrennt werden können. Gesellschaftliche Grundgüter haben – mit Ausnahme der Selbstachtung – den Status von Instrumenten, deren Eignung man für das Erreichen des guten, gelingenden Lebens prüfen muss. Sie müssen „in den Dienst des Lebens und Handelns von Menschen gestellt werden" (Nussbaum 1999, S. 35).

Gegen die im Liberalismus vertretene schwache Theorie des Guten wendet Nussbaum ein, diese Theorie sei kontextblind:

> „Weil der inhaltliche Aspekt des guten Lebens ausgeklammert werde, gerate sowohl der instrumentelle Charakter gesellschaftlicher Grundgüter als auch die Identifikation ihrer Verwendungsweise und ihres Nutzens aus dem Blick." (Sturma 2000, S. 275)

5.4 Nussbaums Gegenvorschlag: Die kontextsensitive Rekonstruktion des guten Lebens

Nussbaum hat ihr Konzept in den letzten zehn Jahren immer wieder revidiert: Bis 1997 hatte ihr Konzept der Fähigkeiten und Funktionen zwei Ebenen, die in 5.4.2 beschrieben werden. In den jüngsten Schriften gibt es nur eine Ebene (5.4.4).

Mit diesem Vorschlag möchte Nussbaum die menschliche Lebensform angemessen berücksichtigen. Gemeint ist die spezifische Lebensform, die allen Menschen gemeinsam ist. Wenn Nussbaum auf die Bewertung gesellschaftlicher Grundgüter zu sprechen kommt, betont sie die Wichtigkeit der konkreten menschlichen Ziele für die Analyse von Lebensstandard, Lebensqualität und Lebensführung. Während es im politischen Liberalismus um eine Ausdifferenzierung und kluge Einrichtung der Institutionen geht, ist für Nussbaum Folgendes grundlegender: Die Lösung der (politischen) Fragen nach Bildung, Arbeitsverhältnissen und sozialer Gerechtigkeit.

Nussbaum bezieht sich auf Fähigkeiten, die inhaltlich vorläufig festlegbar und größtenteils empirisch bestimmt sind. Damit steht Nussbaum in Gegnerschaft zu kulturrelativistischen Auffassungen, die in 5.5.1.2 besprochen werden.

Nussbaum hat für den kontextsensitiven Universalismus den Begriff der *dichten vagen Theorie des Guten* (siehe Nussbaum 1995) in Abgrenzung von Rawls *schwachen Theorie des Guten* geprägt. Nussbaums Theorie enthält mehr normative Elemente als Rawls Theorie und sie heißt deshalb „dicht" (auch im Sinne von stark), weil sie von verallgemeinerbaren Zielen und Zwecken der menschlichen Lebensform ausgeht. Sie ist vage in dem Sinn, dass sie keine gesellschaftlichen oder kulturellen Werte vor anderen auszeichnet. In *The fragility of Goodness* (Nussbaum 1986, S. 469) heißt es:

„Der Aristoteliker arbeitet mit einer Konzeption des Guten, die nicht 'schwach' ist, wie Rawls' 'schwache Theorie' –, das heißt mehr oder weniger auf die Aufzählung von vielseitig verwendbaren Mitteln für ein gutes Leben beschränkt bleibt –, sondern die die menschlichen Ziele in allen menschlichen Lebensbereichen ins Auge fasst. Die Konzeption ist indessen in einem positiven Sinne vage. Das heißt, sie lässt viele Spezifikationen im Konkreten zu und gibt dennoch, wie Aristoteles es ausdrückt, einen 'Umriss' des guten Lebens."

5.4.1 Warum geht Nussbaum von Grundfunktionen (functionings) und Fähigkeiten (capabilities) aus?

Nussbaums Idee ist, wichtige Funktionen des menschlichen Lebens zu definieren, um die Frage zu stellen, wie sich die sozialen und politischen Instrumente auf sie auswirken. „Geben sie den Menschen das, was sie brauchen, um bei allen diesen menschlichen Tätigkeiten funktionstüchtig zu sein?" (Nussbaum 1993, S. 333)

Wieder bezieht sich Nussbaum auf Aristoteles und dessen Fähigkeitenargument. Danach ist es gut, wenn ein Lebewesen seine Fähigkeiten auf angemessene Weise ausüben kann. Ein menschliches Leben ist dann ein gutes menschliches Leben, wenn die spezifisch menschlichen Eigenschaften (und Eigenschaften wie Sprachvermögen, Vernunft, Moralität) ausgebildet werden können. Die Verwendung der Begriffe *functionings* (Funktionen) und *capabilities* (Fähigkeiten) haben universalistische und kontextsensitive Folgen in der Nussbaumschen Theorie. Zum einen können mit ihnen die Erfahrungsbereiche der menschlichen Lebensform hervorgehoben werden, die zu einem Leben gehören, das überhaupt erst menschlich genannt werden kann. Zum anderen kann mit ihrer Hilfe untersucht werden, wie es um die Lebensbedingungen (Lebensqualität und Lebensstandard) der Menschen konkret bestellt ist.

Die beiden Begriffe müssen von Grundbedürfnissen unterschieden werden: Grundbedürfnisse betreffen überwiegend den bloßen Erhalt des Lebens und der wichtigen Lebensfunktionen (Essen, Trinken, Schlaf, Obdach, Sex, Kontakt mit anderen Menschen u.a.). Der Selbsterhalt ist eine notwendige, aber noch keine hinreichende Bedingung für ein menschliches Leben im Nussbaum'schen Sinn. Ihr geht es um Situationen, in denen Menschen die Ausübung bestimmter Fähigkeiten wählen können:

> „Der Versuch, von einem Begriff des Menschen und des menschlichen Tuns auszugehen, zwingt die an der Diskussion beteiligten Parteien, sich zu fragen, welche Aspekte des Lebens sie als so grundlegend betrachten, dass sie ein Leben, das ihrer entbehrte, nicht im vollen Sinne als ein menschliches ansehen könnten." (Nussbaum 1993, S. 330)

Das Ziel einer Politik der Gerechtigkeit muss nach Nussbaum auf die Bereitstellung und Sicherung der Grundbefähigungen ausgerichtet sein. Erst wenn das erreicht ist, können Menschen in wirkliche Entscheidungssituationen eintreten und Möglichkeiten eines menschlichen Lebens wahrnehmen. Ein Beispiel möge genügen: Erst wenn jemand eine angemessene medizinische Versorgung hat, die ihm die volle Lebensdauer ermöglicht, kann er über seine Zukunft im Alter sinnvoll nachdenken.

Erst wenn ein Mensch im sozialen Raum (kantisch gesprochen: im Verkehr mit anderen Menschen) die relevanten Fähigkeiten ausüben kann, erst wenn er entscheiden kann, seine Lebensweise selbst zu wählen, ist er frei.

Functionings „drücken den Zustand konkreter Lebensqualität aus, während *capabilities* für den Handlungsspielraum einer möglichen gesellschaftlichen Praxis" (Sturma 2000, S. 279) entscheidend sind. Anders gesagt sind die *functionings* tatsächlich ausgeübte Tätigkeiten, während *capabilities* die Grenzen und die Entwicklungsmöglichkeiten von Menschen anzeigen.

5.4.2 Nussbaum: Das Zwei-Ebenen-Modell und die Liste der Grundfunktionen und Fähigkeiten (human functional capabilities)

In der Auftrittsrede des Shylock in Shakespeares "Merchant of Venice" heißt es:

„And what's his reason? I'm a Jew! Hath not a Jew eyes? Hath not a Jew hands, organs, dimensions, senses, affections, passions? Fed with the same food, hurt with the same weapons, subject to the same deseases, healed by the same means, warmed and cooled by the same winter and summer as a Christian? If you prick us, do we not bled? If you tickle us, do we not laugh? If you poison us, do we not die? And if you wrong us, shall we not revenge? If we are like you in the rest, we will resemble you in that." (Craig (Hg.) 1962, S. 625)

5.4.2.1 Katalog der grundlegenden Erfahrungsbereiche: Ebene 1

1) *Sterblichkeit*
Alle Menschen sind sterblich und haben mehr oder weniger den Tod vor Augen. Die Vorstellung des eigenen Todes löst gewöhnlich Gefühle wie Angst oder Hilflosigkeit aus. Die wenigsten Menschen haben keine Abneigung gegen ihren Tod. Der Tod geliebter Menschen ist Anlass zu Kummer, Leid, Schmerz, Wut und anderer unangenehmer Gefühle.

2) *Menschlicher Körper*
Wir leben alle in Körpern bestimmter Art, die, gemessen an den Variationsmöglichkeiten, sehr ähnlich sind. Alle Körper sind in allen menschlichen Gesellschaften in erster Näherung gleich verletzlich und haben die gleichen Möglichkeiten.

Unsere Körper befähigen und beschränken uns. Unser Körper hat kulturinvariante Bedürfnisse und Fähigkeiten, und die Tatsache, dass jeder in irgendeiner Kultur hätte leben können, macht einen Teil dessen aus, was unsere wechselseitige Anerkennung begründet. Wir erkennen uns wechselseitig als Menschen an, weil ein anderer menschlicher Körper nur so verschieden von anderen Körpern ist, dass er immer noch Teil der „allgemeinen Menschlichkeit" (Nussbaum, 1993, S. 335) ist.

Weil wir in einem menschlichen Körper leben, zeichnet uns Folgendes aus: Wir haben Hunger und Durst, das Bedürfnis nach fester und flüssiger Nahrung, ein

Bedürfnis nach Behausung, ein sexuelles Bedürfnis und Begehren, die Fähigkeit uns zu bewegen, die Lust an der Mobilität.

3) *Erfahrung von Vergnügen und Leiden*
Menschen haben nicht nur die Fähigkeit und das Bedürfnis, Vergnügen und Leid zu erleben, sie versuchen auch vergnügliche Tätigkeiten aktiv herbeizuführen und Leiden zu vermeiden.

4) *kognitive Fähigkeiten: Wahrnehmen, Vorstellen, Denken*
Alle Menschen haben diese Fähigkeit, zumindest in gewissen Formen, und sie wird als spezifisch menschlich (komplizierteres Denken) angesehen.

5) *frühkindliche Entwicklung*
Alle Menschen erleben den Beginn ihres Lebens als hilflose und schutzbedürftige Wesen. Unabhängig von gesellschaftlichen Bedingungen der frühkindlichen Entwicklung gewährt uns die gemeinsame Struktur des Lebensanfangs eine gemeinsame Quelle der Erfahrung von Liebe, Kummer und Zorn. Das ist wiederum eine Quelle, „uns in den Leben anderer wiederzuerkennen." (Nussbaum 1993, S. 336)

6) *praktische Vernunft*
Alle Menschen versuchen mindestens, ihr Leben zu planen und zu führen, indem sie Bewertungen treffen und anhand dieser Bewertungen das verwirklichen, was ihnen wichtig ist.

7a) *Gemeinschaft mit anderen Menschen*
Alle Menschen verspüren ein gewisses Maß der Zugehörigkeit oder der sozialen Bindung zu anderen Menschen und erkennen andere soziale Bindungen an. Wir entwickeln ein Gefühl der Anteilnahme gegenüber anderen Menschen und schätzen die Lebensform, die aus der Anerkennung anderer Menschen und durch Zugehörigkeit zu anderen Menschen resultiert.

7b) *Gemeinschaft mit anderen Spezies und der Natur*
Menschen erkennen, dass es noch andere Lebewesen außer ihnen gibt. Mehr noch: Auch eine z. T. unbelebte Natur umgibt Menschen. Sowohl zu Tieren und Pflanzen als auch zur unbelebten Natur nehmen wir wertend Stellung. Wir empfinden, dass wir Teil einer Ordnung sind, der wir eine gewisse Achtung schulden (und deshalb im Idealfall auch Achtung entwickeln).

8) *Humor und Spiel*
Wir haben eine Vorstellung davon, was es heißt, sich zu erholen und zu lachen. Wir wissen, dass Spiel etwas anderes ist als Arbeit, und erkennen Menschen weltweit als Lebewesen, die lachen.

9) *Vereinzelung*
Auch wenn wir Bezug auf andere nehmen, so wissen wir, dass jeder von uns „der Zahl nach einer" (Rousseau 1978, S. 249) ist. Wir haben einen separaten Lebensweg in dem Sinn, dass unser Lebensweg von allen anderen unterscheidbar ist. Wir empfinden unseren Zahnschmerz als unseren eigenen Schmerz. In den interaktivsten Formen menschlicher Erfahrungen noch erleben wir uns als einzelne Personen, die nicht verschmelzen, sondern agieren und reagieren.

9a) *Starke Vereinzelung*
Wir haben unterschiedliche Lebensgeschichten und pflegen unterschiedliche Freundschaften, die uns von anderen Menschen unterscheiden und Identifikationsmöglichkeiten schaffen.

Die Liste enthält Fähigkeiten und Grenzen. Aufgrund der Fähigkeiten können Menschen elementare Bewertungen ihrer Umwelt vornehmen. Zum Beispiel unterscheiden Menschen Situationen, in denen sie spielen, von Arbeitssituationen. Sie bewerten Situationen, die für ihre Lebensführung relevant sind und Situationen, in denen sie sich emotional zu anderen Menschen zugehörig fühlen (z. B. im Fall der gemeinsamen Trauer oder Freude).

> „Sie [die jeweilige Bewertung] bedeutet, dass ein Leben ohne diesen Punkt [einen Punkt der vorangegangenen Liste] zu mangelhaft und zu verarmt wäre, um überhaupt ein menschliches Leben zu sein. Offensichtlich könnte es dann nämlich kein *gutes* menschliches Leben sein. Somit ist diese Liste der Fähigkeiten eine Minimalkonzeption des Guten. (Nussbaum 1993, S. 337)

Was sagt Nussbaum über die Grenzen? Das Leben bestehe, so sagt sie, in einem Kampf gegen diese Grenzen. Die Grenzen sind die begrenzte Lebensdauer überhaupt, die Grenzen des Körpers im engeren Sinn, d. h. die Grenzen seiner Funktionstüchtigkeit durch Hunger, Durst und Schmerz. Sollten wir nicht versuchen, diese Grenzen loszuwerden (Nussbaum 1993, S. 338)?
Nein, denn das menschliche Leben ist im günstigsten Fall durch regelmäßig wiederkehrenden Hunger und anschließende Hungerstillung gekennzeichnet. Dieser Fall sei einem Leben ohne Hunger und Essen vorzuziehen, so Nussbaum. Analoges gilt für sexuelle Befriedigung.

Nussbaum untersucht nun zwei Schwellen, die für die Beurteilung der Qualität eines Lebens relevant sind:

1. Unterhalb der ersten Schwelle der Funktions- und Handlungsfähigkeit ist das Leben so verarmt, dass es kein menschliches Leben mehr ist. Dieser Fall liegt vor, wenn eine Fähigkeit in der vorangegangenen Liste grundsätzlich nicht vorhanden ist.

2. Unterhalb der zweiten, höher liegenden Schwelle sind die Funktionen eines Menschen so eingeschränkt, dass ein Leben zwar als menschliches, nicht aber als *gutes* menschliches Leben bezeichnet werden kann.

Das Erreichen der zweiten Stelle ist für Nussbaum eine Forderung an die Politik,

„denn wir wollen ja nicht, dass die Gesellschaften ihren Bürgern lediglich die reinen Minimalfähigkeiten verschaffen. Offensichtlich handelt es sich hier in vielen Teilgebieten um zwei getrennte Schwellen, die unterschiedliche Niveaus an Ressourcen und Fähigkeiten erfordern. Hier ist allerdings Vorsicht geboten. In vielen Fällen wird nämlich der Übergang von einem menschlichen Leben zu einem guten menschlichen Leben von den eigenen Kräften zur Entscheidung und Selbstbestimmung derart unterstützt, dass die Gesellschaft, wenn sie ihre Bürger über die erste Schwelle gebracht hat, ihnen das Übersteigen der zweiten Schwelle mehr oder weniger selbst überlässt." (Nussbaum 1993, S. 338)

Letzteres gelte für den Bereich der praktischen Vernunft und in den Bereichen der sozialen Bildung, während der Abstand der Schwellen hinsichtlich körperlicher Gesundheit und Ernährung größer sei. Wo die zweite Schwelle liege, sei immer schwer zu sagen. Die nachfolgende Liste der Funktionsfähigkeiten kennzeichnet die zweite Schwelle. Da Nussbaum die These vertritt, dass das Ziel der „Gesetzgebung und der allgemeinen Planung" (Nussbaum 1993, S. 339) das Erreichen der Funktionsfähigkeiten sei und nicht das tatsächliche Funktionieren, enthält die Liste Fähigkeiten:

5.4.2.2 Elementare menschliche Funktionsfähigkeiten: Ebene 2

1. *Fähigkeit zu voller Lebensdauer*
   Gemeint ist die Fähigkeit, so lange wie möglich zu leben und nicht vorzeitig wegen mangelnder medizinischer Versorgung, mangelnder Ernährung

u. a. zu sterben oder zu sterben, bevor das Leben als nicht mehr lebenswert empfunden wird.

2. Die Fähigkeit umfasst eine gute Gesundheit entsprechend den medizinischen Möglichkeiten, Fähigkeit zu angemessener Ernährung und angemessenem Obdach, Fähigkeit zu sexueller Befriedigung, d. h. Gelegenheit zu sexueller Befriedigung zu haben. Außerdem nennt Nussbaum die Fähigkeit der Mobilität: Hier ist die Möglichkeit zur Ortsveränderung gemeint, um z. B. Freunde zu besuchen.

3. Die Fähigkeit, unnötigen und unnützen Schmerz zu vermeiden und lustvolle Erlebnisse zu haben;

4. *kognitive Fähigkeiten*
Darunter fallen die Fähigkeiten, die fünf Sinne zu benutzen, zu phantasieren, zu denken und zu schlussfolgern.

5. *Fähigkeit zu Bindungen, vor allem zur sozialen und natürlichen Umwelt*
Die Fähigkeit, Bindungen außerhalb unserer selbst zu unterhalten, uns um die zu kümmern, die uns nahe stehen, über ihre Abwesenheit zu trauern und in einem allgemeinen Sinn Dankbarkeit und Sehnsucht zu empfinden;

6. *Fähigkeit zu praktischer Vernunft*
Bildung einer Auffassung des Guten und sich auf kritische Überlegungen zur Planung des eigenen Lebens einzulassen;

7. Die Fähigkeit, für und mit anderen leben zu können, Interesse für andere Menschen zu zeigen, sich auf verschiedene Formen familiärer und gesellschaftlicher Interaktion einzulassen;

8. Die Fähigkeit zu lachen, zu spielen und erholsame Tätigkeiten zu genießen;

9. Die Fähigkeit, sein eigenes Leben zu leben und nicht das Leben eines Anderen;

9a. Die Fähigkeit, das eigene Leben in seiner eigenen Umwelt und im eigenen Kontext zu leben.

Wenn mindestens eine Funktionsfähigkeit von Ebene 2 fehlt, ist kein gutes menschliches Leben möglich. Praktische Vernunft (6) und soziale Bindung (5 und 7) sind hier besonders wichtig, denn die anderen Fähigkeiten werden mittels praktischer Vernunft und wegen der sozialen Bindungsfähigkeit koordiniert und zusammengehalten.

5.4.3 Vom Zwei-Ebenen-Modell zur aktuellen Liste der Funktionen und Fähigkeiten

Um den Übergang zur aktuellen Liste der Fähigkeiten zu motivieren, skizzieren wir schon an dieser Stelle Kritik, die insbesondere das Zwei-Ebenen-Modell Nussbaums trifft:

Der Unterschied der einzelnen Fähigkeiten auf Ebene 1 und Ebene 2 ist nicht klar.[110]

Nehmen wir an, er wäre klar, dann gibt es folgende Fragen: Ist es so, dass Ebene 1 die untere Schwelle angibt, unterhalb derer ein Leben nicht mehr menschliches Leben genannt werden kann? Und wenn dem so ist, markiert dann Ebene 2 die Schwelle, unterhalb derer ein Leben zwar ein menschliches, aber kein gutes menschliches Leben mehr ist?

Um zu illustrieren, worauf diese Fragen zielen, möge ein Beispiel genügen: Soziale Bindung (affiliation) ist ein Merkmal der Ebene 1. Ebene 2 enthält zwei Fähigkeiten, die sehr ähnlich sind: Die Fähigkeit, Bindungen zu Dingen und Personen außerhalb aufzunehmen (Fähigkeit 5) und die Fähigkeit, für und mit anderen leben zu können, Interesse für andere Menschen und anderes zu zeigen (Fähigkeit 7). Nussbaum könnte jetzt auf den Unterschied von Ebene 1 und 2 verweisen. Doch sie hat folgende Schwierigkeiten: Erstens ist es immer schwer anzugeben, wo die zweite Schwelle liegt. Dann könnte sie auch nahe der ersten Schwelle liegen. Da die beiden Ebenen den beiden Schwellen zugeordnet werden können, sind die Funktionen dann auch ähnlich oder sogar gleich.

---

[110] Scherer (1993, S. 912f.) kritisiert Nussbaum scharf wegen des unklaren Übergangs der beiden Ebenen und wegen Folgendem (Scherer 1993, S. 912f.):
„Es bleibt offen, mit Hilfe welcher Kriterien oder Verfahren sie aus den Bereichen menschlicher Existenz eine bestimmte, diesem Bereich zugehörige Fähigkeit auswählt, wieso z. B. im Bereich 'Natur' die Fähigkeit zur Bindung zur Natur und nicht die gegenteilige Fähigkeit zur Distanzierung von Natur ausgezeichnet wird. Unklar bleibt ebenfalls, welche Funktion die Konstruktion der Theorie auf zwei Ebenen hat, da Nussbaum in den ethischen und politischen Kontexten nur noch mit der zweiten Ebene der Fähigkeiten arbeitet."

Zweitens sagt Nussbaum, „dass in einigen Gebieten [die zweite Schwelle; Anmerkung des Autors] mit der ersten zusammenzufallen scheint." (Nussbaum 1993, S. 339)

Auch andere Fähigkeiten der Ebene 1 sind gleich oder höchstens unter großen interpretatorischen Schwierigkeiten unterscheidbar: Humor und Spiel (Ebene 1) und die Fähigkeit „zu sein, zu lachen, zu spielen und erholsame Tätigkeiten zu genießen" (Nussbaum 1993, S. 340) (Ebene 2).

Nussbaum hat außerdem eingeräumt, dass der methodische Überbau des Zwei-Ebenen-Modells bei der Formulierung der Fähigkeiten prinzipiell durch den gesunden Menschenverstand ersetzt werden könnte (Nussbaum 1993, S. 352f.). Wegen der Hemmnisse gegen die Umsetzung des gesunden Menschenverstandes in den Entwicklungsländern ist dieser Überbau trotzdem nötig (Nussbaum 1993, S. 353).

Diese Schwierigkeiten können z. T. durch ein Konzept behoben werden, in dem es nur noch eine Ebene gibt.

5.4.4 Die aktuelle Liste der Funktionen und Fähigkeiten

Neue functional capabilities (Funktionsfähigkeiten) sind kursiv und fett gesetzt.

1. *Leben*
   Alle Menschen sollten in der Lage sein, ihr Leben bis zur normalen (vollen) Länge zu leben, d. h. nicht im Kindesalter zu sterben oder bevor das Leben nicht mehr lebenswert ist.

2. *körperliche Gesundheit*
   Alle Menschen sollten die Möglichkeit einer guten Gesundheit, inklusive guter Ernährung und angemessenem Schutz haben. Damit ist auch reproduktive Gesundheit gemeint (Nussbaum 2000, S. 78)[111].

---

[111] Zur Definition der reproduktiven Gesundheit (reproductive health) siehe Nussbaum 2000, S. 78, Fußnote 83:
„Reproductive health is a state of complete physical, mental and social well-being and not merely the absence of disease or infirmity, in all matters relating to the reproductive system and its processes. Reproductive health therefore implies that people are able to have a satisfy-

3. *körperliche Integrität*
   Alle Menschen sollten sich frei bewegen dürfen. Sie sollten als souveräne Individuen behandelt werden, d. h. sie sollten vor Angriffen auf ihre körperliche Integrität sicher sein (sexuelle Übergriffe eingeschlossen). Außerdem sollten sie vor Kindesmissbrauch und häuslicher Gewalt sicher sein. Sie sollten die Gelegenheit zur sexuellen Befriedigung haben und in Fragen ihrer Reproduktion selbst entscheiden können.

4. *Sinne, Einbildung und Denken*
   Diese Fähigkeiten (Tätigkeiten) sollten in einer „wirklich menschlichen" Weise (Nussbaum 2000, S. 78) ausgeübt werden. Nussbaum fordert volle Informiertheit der Menschen, angemessene Erziehung, Alphabetisierung, elementare mathematische und naturwissenschaftliche Erziehung. Menschen sollten Möglichkeiten zur Ausübung solcher Arbeiten haben, die ihre Gefühle und ihr Denken ausdrücken. Sie sollten Gelegenheit haben, an Veranstaltungen religiöser, literarischer, musikalischer u. a. Art nach freier Wahl teilzuhaben. Sie sollten ihren Verstand unter dem Schutz freier Selbstäußerung, d. h. politischer und künstlerischer Rede und freier Religionsausübung nutzen. Sie sollten auf eigene Weise in der Lage sein, nach dem letzten Sinn des Lebens zu suchen.

5. *Gefühle*
   Alle Menschen sollten in der Lage sein, zu anderen Dingen und Personen außerhalb ihrer selbst Beziehungen aufzunehmen: Sie sollten in der Lage sein, zu lieben und geliebt zu werden, zu trauern, dankbar zu sein und gerechtfertigte Wut zu empfinden. Menschen sollten in ihrer emotionalen Entwicklung nicht durch Angst, Willkür oder traumatische Erlebnisse beeinträchtigt werden.

6. *praktische Vernunft*
   Alle Menschen sollten in der Lage sein, eine Konzeption des Guten zu formen, und sich in kritischer Reflexion Gedanken über die Planung des eige-

---

ing and safe sex life and that they have the capability to reproduce and the freedom to decide if, when, and how often to do so."
Die Definition enthält auch Elemente der Familienplanung und der sexuellen Selbstbestimmung: Jede Schwangerschaft sollte gewollt sein, jede Geburt sollte gesund sein (im Original steht „healthy"). Die Definition ist der International Conference on Population and Development (ICPD) von 1994 entnommen.

nen Lebens zu machen. Diese Fähigkeit schließt den Schutz der Gewissensfreiheit ein.

7. *Zugehörigkeit zu anderen Menschen:*

   a) *Freundschaft,*

   b) *Respekt*

   Alle Menschen sollten die soziale Basis für Selbstrespekt haben. Sie sollten in der Lage sein, als würdevolle Kreaturen behandelt zu werden, deren Wert gleich dem anderer Menschen ist. Diese Forderung beinhaltet mindestens den Schutz vor Diskriminierung aufgrund der Rasse, des Geschlechtes, der sexuellen Orientierung, der Religion, der Kaste, der Volkszugehörigkeit oder der Herkunft.

8. *Bindungen zu anderen Lebewesen*

   Nussbaum nennt soziale Beziehungen zu anderen Lebensformen (Pflanzen, Tieren und der Welt der Natur).

9. *Spiel*

   Fähigkeit zu spielen, zu lachen und erholsame Tätigkeiten zu genießen.

10a) *politische Kontrolle über die Umwelt*

   Menschen sollten in der Lage sein, sich effektiv an politischen Entscheidungen zu beteiligen, die das Leben bestimmen. Es heißt auch, das Recht auf politische Partizipation unter dem Schutz der freien Rede zu haben, also politisch tätig im engeren Sinne sein zu können.

10b) *materielle Kontrolle über die Umwelt*

   Damit ist die wirkliche Chance gemeint, Besitz zu erwerben, die gleichen Eigentumsrechte wie andere zu haben sowie das Recht auf gleiche Beschäftigung und die Freiheit vor unberechtigter Verfolgung.

In der aktuellen Liste sind zwei Fähigkeiten, nämlich körperliche Integrität und Kontrolle über die materielle und politische Umwelt, neu hinzugekommen. Sie geben die veränderte Sichtweise Nussbaums nach jüngsten Gesprächen in Indien wieder (Nussbaum 2000, S. 78, Fußnote 2). Außerdem sind einige der bereits in 5.4.2.2 vorhandenen Fähigkeiten mit weiteren Eigenschaften charakterisiert. Sie werden in einer Tabelle dargestellt:

Fähigkeit	Zusätzliche Eigenschaften
kognitive Fähigkeiten (Sinne, Einbildung, Denken)	Forderung von Erziehung; Möglichkeiten, Veranstaltungen religiöser, literarischer, musikalischer und anderer Art nach Wahl zu besuchen; Recht auf freie künstlerische und politische Rede; freie Religionsausübung; Lebenssinnsuche
Gefühle (Bindungen zu anderen Personen)	Die emotionale Entwicklung sollte nicht durch das Erleben von Angst, Gewalt oder traumatische Erlebnisse behindert werden.
soziale Zugehörigkeit	Förderung von Selbstrespekt
körperliche Gesundheit	Reproduktive Gesundheit

Tabelle 6: Fähigkeiten der 1. Liste Nussbaums mit neuen Eigenschaften

5.4.4.1 Was zeichnet diesen Ansatz Nussbaums aus?

Nussbaum beschreibt ihren Ansatz so:

„In my own conception, an account of the central capabilities provides a necessary basis for political principles, giving not a complete account of the good or of human flourishing, but a political account, specifying certain capacities, liberties, and opportunities that have value in any plan of life citizens may otherwise choose. In the first part of my project I argue for such an approach using an argument based upon an intuitively powerful idea of truly human functioning, functioning that is worthy of the dignity of the human being. I claim that citizens with a wide range of comprehensive conceptions of the good can endorse this list – as a list of capabilities, not of actual functions – as a basis for getting on with life [...]" (Nussbaum 2001, S. 83)

Praktische Vernunft (6) und Zugehörigkeit zu anderen Menschen (7) sind wie im Zwei-Ebenen-Modell besonders wichtig. Sie sind auch besonders gute Kandidaten für Fähigkeiten, die einen moralischen Anspruch auf Entwicklung und Förderung erheben. Dies ist eine Intuition Nussbaums, mit dem der Fähigkeiten-Ansatz beginnt:

„The basic intuition from the capability approach begins, in the political arena, is that certain human abilities exert a moral claim that they should be developed. Once again, this must be understood as a *freestanding moral idea*, not one that relies on a particular metaphysical or teleological view." (Nussbaum 2000, S. 83)

Einerseits enthält die Liste separate Komponenten, von denen keine auf Kosten einer anderen hervorgehoben oder gefördert werden sollte. Andererseits sind die Punkte der Liste auf „komplexe Art" (Nussbaum 2000, S. 81) verbunden:

> „One of the most effective ways of promoting womens control over their envirement, and their effective right of political participation, is to promote women's literacy. Women who can seek employment outside their home have exit options that help them protect their bodily integrity from assaults within. Reproductive health is related in many complex ways to practical reason and bodily integrity. This gives us still more reason to avoid promoting one at the expense of the other." (Nussbaum 2000, S. 81)

Nussbaum analysiert im Folgenden drei Arten von Fähigkeiten. Anhand dieser Analyse erfahren wir, dass einige Fähigkeiten elementarer als andere sein können.[112]

5.4.4.2 Nussbaums Klassifikation der Fähigkeiten

Zu Beginn möchte ich auf ein Motiv einer solchen Klassifikation hinweisen. Nussbaum spricht von dem Bewusstsein des Wertes und der Würde menschlicher Kräfte. Sie fasst diese auf als „claims to a chance for functioning, claims that give rise to correlated social and political duties" (Nussbaum 2000, S. 84). Sie unterscheidet zwischen folgenden Arten von Fähigkeiten (Nussbaum 2000, S. 84f.):

- *elementaren Fähigkeiten (basic capabilities)*
  Jeder Mensch hat ein angeborenes Inventar. Dieses ist zur Ausbildung der komplizierteren Fähigkeiten nötig. Die Fähigkeiten, die schon ein Neugeborenes mehr oder weniger hat, sind Seh- und Hörvermögen. Rudimentär ausgebildet sind seine Sprech- und Sprachfähigkeit, die Fähigkeit, Liebe

---

[112] Wenn dem so ist, so kann man in einer Verteilungssituation vielleicht doch entscheiden, welche Fähigkeiten stärker als andere gefördert werden sollten. Nussbaum bezeichnet eine solche Entscheidung für eine Fähigkeit zugunsten einer anderen als tragisch (Nussbaum 2000, S. 81), was ihr Missfallen an einem solchen Vorgehen nahe legt.

und Dankbarkeit zu empfinden sowie die Fähigkeit zu praktischer Vernunft und die Fähigkeit zu arbeiten.[113]

- *internen Fähigkeiten (internal capabilities)*
  In verschiedenen menschlichen (ontogenetischen) Entwicklungsstufen sind hinreichende Bedingungen zur Ausübung bestimmter Funktionen gegeben. Beispielsweise hat ein Mensch schon durch bloßes Körperwachstum je nach körperlicher Reife verschieden ausgeprägte Sexualfunktionen. Kinder lernen in einem bestimmten Lebensabschnitt leicht ihre Muttersprache: Sie hören auf das Gesprochene der Erwachsenen und sprechen das Gehörte nach. Häufiger ist jedoch starke Unterstützung der Umwelt zur Ausbildung der internen Fähigkeiten nötig: beim Spielen, bei der Fähigkeit zu lieben oder bei einer politischen Entscheidung.[114]

- *kombinierten Fähigkeiten (combined capabilities)*
  Erst die Kombination von internen Fähigkeiten mit passenden externen Bedingungen ermöglicht das tatsächliche Funktionieren, d. h. das tatsächliche Handeln gemäß den internen Fähigkeiten. Ein Beispiel: Eine sexuell nicht aufgeklärte Frau ist als Kind verwitwet. Ihr wird eine weitere Heirat verboten. Sie hat zwar die interne Fähigkeit der sexuellen Selbstentfaltung, aber nicht die entsprechende kombinierte Fähigkeit.

Die Grenze zwischen internen und kombinierten Fähigkeiten ist nicht scharf, denn auch die Entwicklung interner Fähigkeiten bedarf geeigneter äußerer Bedingungen. Am deutlichsten sichtbar ist sie im Fall eines Wechsels der sozialen Umgebung: Ein an freie Religionsausübung gewöhnter Mensch könnte wegen eines solchen Wechsels z. B. daran gehindert werden, seine Religion auszuüben.

Schließlich weist Nussbaum darauf hin, dass alle Fähigkeiten in ihrer Liste kombinierte Fähigkeiten sind.

---

[113] Hier fordert Nussbaum natürlich heftigsten Widerstand heraus. Was soll es heißen, dass ein Säugling sehr rudimentär die Fähigkeit zu sprechen oder praktische Vernünftigkeit hat? Aristoteles kann Nussbaum noch retten: Ihm gemäß kann Nussbaum argumentieren, dass die Anlagen, einmal arbeiten zu können, bereits vorhanden sind. Ein Säugling trägt die Entelechie in sich. Auch wenn Nussbaum so argumentieren könnte, verwendet sie doch den Ausdruck „etwas ist rudimentär vorhanden" in erklärungsbedürftiger Weise.

[114] Hier betont Nussbaum, dass selbst ein Mensch, der eine interne Fähigkeit entwickelt hat, davon abgehalten werden kann, entsprechend dieser Fähigkeit zu funktionieren, d. h. sich entsprechend dieser Fähigkeit zu verhalten.

5.4.5 Zusammenhänge zwischen Fähigkeiten und Menschenrechten

In der aktuellen Liste der Fähigkeiten und Funktionen fordert Nussbaum Menschenrechte als moralische und als juridische Rechte[115]:

Sie fordert Abwehrrechte (negative Freiheitsrechte) wie Schutz vor Eingriffen in die körperliche Integrität, Schutz vor Diskriminierung aufgrund der Rasse, des Geschlechtes, der sexuellen Orientierung, der Religion, der Kaste, der Volkszugehörigkeit oder der Herkunft.

Sie fordert auch positive Freiheitsrechte und politische Rechte: Alle Menschen sollten die Freiheit zur politischen und künstlerischen Rede haben. Sie sollten die Möglichkeit freier Religionsausübung haben.

Sie fordert drittens soziale und kulturelle Rechte: Nussbaum fordert eine angemessene Erziehung, d. h. elementare mathematische und naturwissenschaftliche Ausbildung. Weiterhin sollten Menschen Möglichkeiten zur Ausübung von Ar-

---

[115] Auf die Frage nach dem Verhältnis moralischer und juridischer Rechte kann ich hier nicht eingehen. Es ist eine klassische Frage der Rechtsphilosophie. Steht das Recht über der Moral oder ist es umgekehrt? Wer Jurist ist, mag spontan der ersten Auffassung zustimmen, wer Ethiker ist, mag die zweite für richtiger halten.
Sowohl Rechte als auch Moralsysteme bestehen aus Verhaltensnormen. Doch beide Normtypen sind – entgegen dem alltagssprachlichen Gebrauch – zu unterscheiden. Austin formuliert die gebotene Unterscheidbarkeit so:
„Das Vorhandensein einer Rechtsnorm ist eine Sache; ihre Richtigkeit ist eine andere. Ob sie besteht oder nicht, ist eine Frage; ob sie einer zugrunde gelegten Idealvorstellung entspricht oder nicht, eine andere. Ein bestehendes Gesetz ist auch dann ein Gesetz, wenn es uns nicht zusagt oder wenn es von dem Kriterium abweicht, an dem wir unsere Billigung oder Missbilligung orientieren" (Austin, zitiert nach Hilgendorf 2001, S. 72).
Hilgendorf (2001, S. 75) behauptet, dass man aufgrund der Sanktionsform Moral von Recht unterscheiden kann, und gibt daran anschließend folgende Arbeitsdefinition des Rechts:
„Recht umfasst einerseits die Verhaltensnormen, deren Verletzung in der jeweiligen Gesellschaft mit gesamtgesellschaftlich organisiertem Zwang beantwortet werden (primäre Rechtsnormen) und andererseits die Rechtsnormen, welche als Sanktionsvoraussetzung oder Sanktions-Ausschlussregelung die Anwendung des Zwanges mitbestimmen (sekundäre Rechtsnormen). Diese Normen müssen von den gesellschaftlich vorgesehenen Normanwendungsorganen mitberücksichtigt werden" (siehe Hilgendorf 2001, S. 75).
Horster (1997, S. 367-389) formuliert in einem Überblick weitere Unterscheidungsmerkmale von Recht und Moral.

beiten haben, die ihre Gefühle und ihr Denken ausdrücken. Alle Menschen sollten die soziale Basis für Selbstrespekt haben.

Die politischen Rechte – politische Freiheiten eingeschlossen – sind besonders wichtig:

> „The political liberties have a central importance in making well-being humans. A society that aims at well-being while overriding these has delivered to its members an incompletely human level of satisfaction." (Nussbaum 2000, S. 96)

Politische Rechte haben nicht nur eine instrumentelle Rolle zur Verhinderung materieller Unterversorgung der Menschen, sondern sind in sich wertvoll: Erst sie ermöglichen ein wahrhaft menschenwürdiges Leben.

In der Liste der Fähigkeiten ist nicht von Rechten die Rede. Warum spricht Nussbaum von Funktionen statt von Rechten? Sie vertritt die Auffassung, dass ihr Konzept eine klare Position zu den umstrittenen Fragen ermöglicht, mit denen jede Menschenrechtskonzeption konfrontiert ist: Fragen nach der Fundierung der Rechte, dem Status der Rechte (moralische Rechte oder juridische Rechte) und den Trägern und Adressaten der Rechte.[116]

In einigen Bereichen spricht Nussbaum von Rechten als kombinierte Fähigkeiten (5.4.4.2):

> „The right to political participation, the right to religious free exercise, the right of free speech – these and others are all best thought of as capabilities to function. In other words, to secure rights to citizens in these areas is to put them in a position of combined capability to function in that area." (Nussbaum 2000, S. 98)

Weil Nussbaum Rechte als kombinierte Fähigkeiten auffasst, kann sie zwischen einem Recht unterscheiden, das nur auf dem Papier besteht und einem Recht, das Menschen nur dann tatsächlich haben, wenn effektive Maßnahmen des entsprechenden Staates getroffen werden: Diese Maßnahmen befähigen die Menschen erst, politisch aktiv zu werden.

> „In short, thinking in terms of capability gives us a benchmark as we think about what it is to secure a right to someone." (Nussbaum 2000, S. 98)

---

[116] Nussbaum nennt noch weitere Probleme, mit denen jeder konfrontiert ist, der von Rechten oder Menschenrechten spricht: Welche Beziehungen gibt es zwischen Rechten und korrespondierenden Pflichten? Gibt es überhaupt korrespondierende Pflichten? Gibt es eine Hierarchie von Rechten? Was ist ein Recht?

Auch andere Rechte, wie z. B. das Recht auf Obdach und andere wirtschaftliche Rechte können als Fähigkeiten formuliert werden:

„If we think of the right to shelter as a right to a certain amount of resources, then we get into the very problem I discussed in section III: giving resources to people does not always bring differently situated people up to the same level of capability to function. The utility base analysis also encounters a problem: traditionally deprived people may be satisfied with a very low living standard, believing that this is all they have any hope of getting. A capability analysis, by contrast, looks at how people are actually enabled to live. Analysing economic and material rights in terms of capabilities thus enables us to set forth clearly a rationale we have for spending unequal amounts of money on the disadvantaged, or creating special programs to assist their transition to full capability." (Nussbaum 2000, S. 99)

Ein weiterer Vorteil, Rechte als Funktionen zu formulieren, liegt in der Unabhängigkeit von kulturellen und historischen Gegebenheiten, was in der „Sprache der Rechte"[117] (Nussbaum) scheinbar nicht möglich ist.[118]

5.5 Argumente gegen Nussbaum und ihre Erwiderungen

Die Argumente lassen sich in zwei Gruppen zusammenfassen. Die erste Gruppe umfasst Argumente gegen den Nussbaum'schen Essentialismus: Dazu zählen kulturrelativistische Argumente, das Argument der Missachtung der Autonomie und das Argument des Paternalismus. Alle drei Argumente hängen schon des-

---

[117] Nussbaum fragt, ob eine „Sprache der Fähigkeiten" die „Sprache der Rechte" nicht überflüssig macht. Dem ist nicht so, denn die letztere hat weiterhin vier Aufgaben:
1) Die „Sprache des Rechts" verweist darauf, dass Menschen Ansprüche auf etwas haben, wie immer die tatsächlichen Zustände sein mögen.
2) Die normative Kraft von Fähigkeiten ist kleiner als die von Rechten. Für Nussbaum reicht es nicht aus, auf eine Liste der Fähigkeiten zu verweisen. „To say, 'Here is a list of fundamental rights' is more rhetorically direct" (Nussbaum 2000, S. 100).
3) Die „Sprache der Rechte" betont die Wahlfreiheit und Autonomie der Menschen. Zwar betont das auch Nussbaum, aber es gibt auch andere aristotelische Fähigkeiten-Ansätze, die das nicht tun, nämlich marxistische und katholisch-thomistische Ansätze.
4) In der „Sprache der Rechte" gibt es größere Einigkeit über bestimmte Fragen, die in der „Sprache der Fähigkeiten" kontrovers beantwortet werden.
[118] Nussbaum (2000, S. 99f.) verweist darauf, dass es auch nichtwestliche universelle Rechtsvorstellungen, z. B. in Indien, gibt. So kann man auch in der „Sprache des Rechts" dem Vorwurf des Kulturzentrismus entgehen, wenn man universelle Rechte fordert.

wegen zusammen, weil sie als relativistische Argumente vorgetragen werden. In der zweiten Gruppe der Argumente werden Bedürfnisansätze grundsätzlich als verfehlt kritisiert. Obwohl Nussbaum keinen Bedürfnisansatz im engeren Sinn vertritt, richten sich diese Argumente auch gegen sie.

5.5.1 Essentialismus und Paternalismus[119]

5.5.1.1 Anti-essentialistische Gespräche

Auch in aufgeklärten, progressiven, feministischen, linken Kreisen ist nach Nussbaum der Essentialismus geradezu verpönt.[120] Ich gebe als Beispiel ein Gespräch wieder, das Nussbaum beschreibt (Nussbaum 1993, S. 325).
Es geht um eine französische Ethnologin, die in einem Vortrag anlässlich einer Tagung über Werte und Technik ihr Bedauern zum Ausdruck bringt,

> „dass die Einführung der Pockenschutzimpfung in Indien durch die Engländer den uralten Kult von Sittala Devi ausgerottet habe; den Kult der Götter, die man anzubeten pflegte, um die Pockenerkrankung abzuwenden" (Nussbaum 1993, S. 325).

Hier liege, so die Ethnologin, ein weiteres Beispiel für die „westliche Missachtung von Differenz und Gemeinschaft vor." (Nussbaum 1993, S. 325) Auf den Einwand, es sei doch besser, gesund zu sein statt krank und besser, zu leben als zu sterben, kam eine kühle Antwort: Es sei die westliche essentialistische Medizin, die die Dinge in binärer Sichtweise auffasse, die zu einem solchen Scheu-

---

[119] Da der Vorwurf des Paternalismus eng mit dem der Missachtung der Autonomie zusammenhängt, wird dieser hier nicht gesondert diskutiert. Brukamp formuliert und entkräftet den Einwand relativ überzeugend. Sie sieht aber immer eine latente Gefahr des Paternalismus: „In either version of the capability approach, anyway, education about the major values becomes important, and precautions have to be taken against paternalism as the dark side of it." (Brukamp, in: Kallhoff (Hg.) 2001, S. 98f.)

[120] In einem weiteren Gespräch verweist eine Fürsprecherin der Ausgrenzung menstruierender Frauen in Indien von ihren Arbeitsplätzen auf die „radikale Andersheit dieser traditionsgebundenen Menschen" (Nussbaum 1993, S. 324). Schließlich hätten auch Derrida und Foucault gezeigt, dass es in solchen Fragen (in Fragen eines moralischen Urteils über eine Tradition) keinen privilegierten Standpunkt gebe. Süffisant bemerkt Nussbaum, dass dieselbe Frau, die so spricht, sich vermutlich „vehement gegen eine Reinlichkeitsüberprüfung am Seminareingang wehren würde" (Nussbaum 1993, S. 324).

klappendenken führe. Man könne Krankheit nicht einfach der Gesundheit entgegensetzen und Leben dem Tod.

„An diesem Punkt erhebt sich Eric Hobsbawm, der die Vorträge mit einem immer unbehaglicheren Schweigen angehört hatte, um ein ätzendes Urteil über den in dieser Gruppe vorherrschenden Traditionalismus und Relativismus abzugeben. Er zählt Beispiele dafür auf, in welcher Weise die Bezugnahme auf Tradition und Gemeinschaft in der Geschichte angewandt wurde, um verschiedene Arten der Unterdrückung und Gewalt zu verteidigen. Sein letztes Beispiel ist der Nationalsozialismus. Im Chaos, das anschließend entsteht, verlangen die meisten Kommunitaristen unter den Sozialwissenschaftlern (vor allem diejenigen aus dem Ausland, die nicht wissen, wer Hobsbawn ist), dass Hobsbawn aufgefordert wird, den Konferenzraum zu verlassen. Der radikale amerikanische Ökonom, völlig verwirrt über diese offensichtlich gewordene Spaltung zwischen seinem Kommunitarismus und seiner politischen Linksorientierung, überzeugt sie unter großen Schwierigkeiten, Hobsbawn dableiben zu lassen." (Nussbaum 1993, S. 325)

Gespräche dieser Art motivieren Nussbaum stark, für einen Essentialismus zu argumentieren.

5.5.1.2 Argumente gegen den Essentialismus und die Nußbaum'sche Erwiderung

Missachtung historischer und kultureller Unterschiede

Es handelt sich hier um das relativistische Argument, welches behauptet, wir könnten über den Menschen nicht mehr sagen, als wir aufgrund unserer geschichtlichen und kulturellen Prägung und Fixierung heraus wissen können. Jeder, der ein Element des menschlichen Lebens auswählt und es vor einem anderen als wichtiger oder gar fundamental auszeichnet, begeht den Fehler, von realen historischen und kulturellen Unterschieden abzusehen. Da die Menschen menschliches Leben, gutes menschliches Leben oder Humanität ganz verschieden verstehen, muss jeder, der basale Fähigkeiten behauptet, willkürlich einige Eigenschaften herausgreifen und andere zurücksetzen. So erhält man allenfalls eine einseitige Auffassung darüber, was den Menschen ausmache auf Kosten der Zurücksetzung anderer. Schlimmer noch: Ein solches Vorgehen dient dazu, die Machtverhältnisse dominierender Gruppen gegenüber Minderheiten zu fixieren.

Nussbaums Kritik des Einwandes

Gerade weil ein Aristoteliker, so Nussbaum[121], historische und kulturelle Unterschiede berücksichtigen möchte, hat er eine „dicke vage Konzeption" (Nussbaum 1993, S. 341). Was „Dicke" („dichte") und „vage" Konzeption heißt, wurde in 5.4 besprochen. Ihre Komponenten können je nach Bedarf genauer angegeben werden. Was heißt das?

1. Die Bedingungen, unter denen ein Leben zum menschlichen Leben wird, die also erfüllt sein müssen, damit Menschen die Ebene 2 in 5.4.2.2 erreichen, variieren gesellschaftsabhängig. Die Furcht vorm Tod oder die Liebe zum Spiel wird je nach Gesellschaft in anderer Weise realisiert und auch je nach historischer Situation verschieden sein.

   „Gleichwohl haben wir in diesen Bereichen unserer allgemeinen Menschlichkeit eine hinreichende Überschneidung, um ein allgemeines Gespräch aufrechterhalten zu können, bei dem wir uns auf unsere allgemeinen Probleme und Aussichten konzentrieren." (Nussbaum 1993, S. 341)

2. Noch größere Vielfalt gibt es beim guten Tun (im Sinne Aristoteles'): Örtliche Spezifizierungen bei der Ausbildung der Fähigkeiten können und sollen stets berücksichtigt werden. Hier ist der Aristoteliker Pluralist: Während intensive Bildung und Ausbildung an einer Stelle der Welt (in Europa) wichtig und gut ist, kann sie an einer anderen Stelle wirkungslos sein. Soziale Bindungen sind in einem Teil der Welt stärker in Großfamilien und Clans vorhanden, in anderen Teilen in Kleinfamilien. In einem Gespräch mit den Betroffenen vor Ort versucht der Aristoteliker zu klären, welche Form die allgemeine Liste haben sollte. Nach Information vor Ort scheut er sich nicht, Zustände der Ungerechtigkeit und Unterdrückung in der Tradition zu kritisieren. Damit ruft er Kritiker mit dem nächsten Argument auf den Plan.

---

[121] Nussbaum stellt vor der Erwiderung kontra-essentialistischer Argumente fest, dass sich viele Argumente nicht gegen den Essentialismus richten, sondern gegen den metaphysischen Realismus, „d. h. gegen die Idee, dass die Welt sich auf eine ganz bestimmte Weise von der menschlichen Geschichte und den menschlichen Interpretationen unterscheidet. [...] Es scheint klar zu sein, dass Angriffe seitens der Sprachphilosophie und der Wissenschaftstheorie so stark und die realistischen Antworten darauf so problematisch sind, dass es unklug wäre, eine heutige Ethikkonzeption auf der Wahrheit eines solchen Realismus aufzubauen." (Nussbaum 1993, S. 328f.) Die Schwierigkeiten des metaphysischen Realismus versucht sie mit ihrem internalistischen Essentialismus (5.1.2) zu umgehen.

Missachtung der Autonomie

Dieser Einwand wird oft von liberalen Gegnern vorgetragen und zwar von Personen, die hinsichtlich der Bedeutung der menschlichen Freiheit und der Autonomie selbst essentialistisch sind (Nussbaum 1993, S. 330, die auf Rawls 1971, verweist). Der Einwand lautet so: Da die Essentialistin festlegt, welche Elemente des menschlichen Lebens am wichtigsten sind, kann sie dem Recht auf freie Wahl des Lebensplanes nicht Genüge tun, denn sie legt fest, was für den Lebensplan zentral zu sein hat. Doch der einzelne Bürger sollte darüber eigentlich entscheiden können. Aus diesem Grund sollte sich die Politik generell einer Theorie des Menschen und des menschlichen Guten enthalten. Ähnlich lautet das Argument des Paternalismus, auf das ich nicht näher eingehe: Es sagt, dass jeder, der eine Reihe von universellen Normen als Maßstab für die verschiedenen Gesellschaftsformen in der Welt fordert, zu wenig Respekt vor der freien Wahl der Menschen in anderen Gesellschaften zeigt (Nussbaum 2000, S. 51f.).[122]

Nussbaums Kritik des Einwandes

Die Konzeption Nussbaums nimmt den Bürgern nicht die Chance auf eine Wahl des guten Lebens:

1. Die Listen enthalten potentielle Fähigkeiten und keine tatsächlichen Funktionen, weil Nussbaum einen Entscheidungsspielraum offen lassen will. Eine Regierung soll Bürger nicht dazu *anleiten*, die Handlungsweisen zu fördern, die Nussbaum für richtig hält. Sie soll Bedingungen dafür schaffen und Ressourcen bereitstellen, um handeln zu können. Wer genug zu essen hat, der soll natürlich auch fasten dürfen. Wer ein gutes Gesundheitswesen zur Verfügung hat, darf trotzdem seine Gesundheit ruinieren. Wer nicht bestimmter Formen der sexuellen Entfaltung (z. B. durch Klitorisbeschneidung) beraubt ist, kann sich aus persönlichen Gründen dazu entschließen, in einem Kloster sexuell enthaltsam zu leben. Die Entscheidung verleiht den Funktionen erst ihren Status für ein gelingendes menschliches Leben.

---

[122] Dem Paternalismusvorwurf entgegnet Nussbaum: „It should be apparent that the approach is not paternalistic in any typical sence, since it gives such a large place to liberty, and envisages the social goal in terms of capability, not functioning." (Nussbaum 2001, S. 84)

2. Wegen der wichtigen „architektonischen Rolle" (Nussbaum 1993, S. 343), die die praktische Vernunft in Nussbaums Konzept spielt, wird erst kraft kritischen Nachdenkens entschieden, welche Elemente in der Liste die fundamentalsten sind.
3. Ein liberaler Kritiker wie Rawls schreckt nicht vor einem Essentialismus der internen Art zurück, wie er Nussbaum vorgeworfen wird. Befriedigungen, die nicht aus eigener Entscheidung entstehen, haben für Rawls keinen moralischen Wert (Nussbaum 1993, S. 343).

Für den Aristoteliker ist es schließlich keine spontane Entscheidung, welche Elemente der Liste man wählt. Es ist keine Entscheidung, die man unabhängig von gesellschaftlichen und materiellen Verhältnissen trifft. Wenn sich ein Aristoteliker um die Lebensform kümmert, so untersucht er auch die Voraussetzungen, die eine bestimmte Lebensform erst ermöglichen.

Präjudizierende Anwendung

Auf welche Menschen soll das Konzept Nussbaums angewendet werden? Einige Gegner halten Nussbaum vor, dass die Machtlosen allzu leicht ausgeschlossen werden könnten. Aristoteles selbst war der Auffassung, Frauen und Sklaven seien keine Menschen im umfassenden Sinn. Da Aristoteles Essentialist war, begründete er die Ausschließung der vorgenannten Gruppen so: Diese Gruppen können nicht das Wesen oder das Ziel des Menschseins repräsentieren. Also können sie auch politisch ausgeschlossen und unterdrückt werden.

Nussbaums Kritik des Einwandes

Nussbaum gesteht ein, dass ihre Konzeption einseitig und ungerecht vorauswählend angewendet werden kann. Man kann im Namen der Menschlichkeit Frauen und Schwarze aus dem Konzept ausschließen. Doch spricht das in der Sicht Nussbaums zuallererst gegen die, die so vorurteilsbeladen auswählen, und nicht gegen ihre Konzeption.[123] Nussbaum versucht den angeblichen Einwand sogar in einen Vorteil ihrer Konzeption zu verwandeln: Die missbräuchliche Anwen-

---

[123] Im Übrigen kann man natürlich jede Idee, Konzeption und Theorie so anwenden, dass moralische Einwände laut werden. Jede noch so harmlose, scheinbar weltfremde Theorie kann missbraucht werden. Wer also von Missbrauchsmöglichkeiten spricht, muss belegen, dass die betreffende Theorie (Konzept, Idee u. a.) in besonderem Maße dazu verleitet, missbraucht zu werden. Dann muss man über Kontrollmechanismen nachdenken, die eine missbräuchliche Anwendung erschweren oder gar verhindern.

dung der Konzeption, „die Selbsttäuschungsstrategie der Abspaltung des Anderen von der eignen Gattung" ist so verlockend, weil die Konzeption des Menschlichen eine so „große Kraft" (Nussbaum 1993, S. 344) hat.

> „Solche Fälle verdeutlichen nämlich gerade die große Kraft der Konzeption des Menschlichen. Dieses andere Wesen als Angehörigen anzuerkennen, hätte nämlich ein Gefühl der Zugehörigkeit und der Verantwortung erzeugt." (Nussbaum 1993, S.344)

Da die Liste hinreichend konkrete Elemente enthält, wird nach Nussbaum ein missbräuchlicher Ausschluss einiger Menschengruppen (Frauen, Analphabeten oder Andersgläubige) erschwert. Jemandem, der diese Menschen ausschließen möchte, sagt Nussbaum (1993, S. 344):

> „Schau diese Wesen an: Du kannst ihnen die Anerkennung nicht verweigern, dass sie ihre Sinne gebrauchen, dass sie über ihre Zukunft nachdenken, dass sie sich auf ethische Gespräche einlassen, dass sie Bedürfnisse und Empfindungen haben, die den deinen ähnlich sind. Räumst du dies ein, dann räumst du ein, dass sie Menschen sind. Räumst du ein, dass sie Menschen sind, dann räumst du ein, dass sie Bedürfnisse des Wohlergehens haben, die auf jeden, der sie bestreiten würde, einen moralischen Druck ausüben."

Hier argumentiert Nussbaum kantisch, denn der Begriff des Menschlichen sollte uns zur moralischen Anerkennung aller Menschen nötigen.

Ein weiterer Punkt, an dem Nussbaum Missbrauchsmöglichkeiten ihres Konzeptes sieht, betrifft die Frage nach der Festlegung der Grundfähigkeiten, die ein Mensch hat. Es gibt höherstufige Fähigkeiten (Funktionen) in der Liste (5.4.4) wie z. B. die Möglichkeit, Entscheidungen aufgrund praktischer Vernunft zu fällen. Wie sollen wir entscheiden, ob ein Mensch diese höherstufigen Fähigkeiten (Funktionen) zwar noch nicht besitzt, sie aber der Möglichkeit nach in Zukunft besitzen kann? Nach Nussbaums Auffassung ist eine niederstufige Fähigkeit eine Voraussetzung dafür, die höherstufigen Funktionen auszubilden, so dass ein Mensch, der z. B. durch Erziehung unterstützt wird, diese höherstufigen Funktionen wählen kann. Jedes Individuum hat einen Anspruch auf größtmögliche Förderung durch die Politik, so Nussbaum. Auch hier spricht sie im Sinne Aristoteles'. Wie wir konkret ein schwerstbehindertes Neugeborenes behandeln sollen oder einen Menschen, der niemals gemäß der vollständigen Liste der Fähigkeiten und Funktionen leben wird, sagt Nussbaum nicht.[124]

---

[124] Da Nussbaum in ihrer jüngsten Auffassung die Würde (dignity) des Menschen stark betont, ist zu vermuten, dass sie bestimmten bioethischen Ansätzen wie dem Peter Singers skeptisch bis ablehnend gegenüber steht.

5.5.1.3 Essentialismus und Relativismuskritik

Da alle Argumente von Vertretern relativistischer Positionen[125] vorgebracht werden, fasse ich die Tendenz der Nussbaum'schen Erwiderungen zusammen: Nussbaum beansprucht, kein fixiertes Menschenbild zu haben. Sie ist anthropologisch weniger zurückhaltend als Sen, weil sie betont, dass die Konstruktion bzw. Rekonstruktion menschlicher Grundfähigkeiten die zentrale Aufgabe ihrer neoaristotelischen Theorie ist.

Ihre Liste ist vage und muss es bleiben, weil sie nur so neue, bisher noch nicht enthaltene Elemente der menschlichen Lebensform berücksichtigen kann, die in einer bestimmten Kultur relevant werden. Nussbaum hat die Listen der *basic functional capabilities* erweitert und auch einiges gestrichen. Sie ist weder dogmatisch noch folgt daraus, dass Nussbaum einen naturalistischen Fehlschluss begangen hat:

> „As such, it is open-ended and humble; it can always be contested and remade. It does not claim to read facts of 'human nature' off of biological observation, although it does of course account of biology as a relatively constant element in human experience. Nor does it deny that the items on the list are to some extent differently constructed by different societies."[126] (Nussbaum 1997, S. 286)

Eine umfassende Kritik des Kulturrelativismus wird von Paul vorgebracht. Sie enthält weitere Argumente gegen einen Kulturrelativismus.

---

[125] Hinkmann (1996, S. 86-90) diskutiert am Beispiel der weiblichen Beschneidung in islamischen Ländern, welche Argumente überzeugend sind, die für die Praxis der Beschneidungen vorgebracht werden. Diese Argumente sollen zeigen, dass hier eine kulturspezifische Praktik ausgeübt wird, die nicht mit dem Hinweis kritisiert werden kann, dass sie gegen universelle Menschenrechte verstößt.
Von sieben verschiedenen Begründungen werden alle bis auf die soziologische verworfen. Nach der soziologischen Begründung werden nichtbeschnittene Frauen als nicht heiratsfähig angesehen und werden deswegen aus der Gemeinschaft ausgeschlossen. Wenn wir berücksichtigen, dass die verschiedenen Beschneidungspraktiken negative psychische und physische Folgen für die Frauen haben, dann lassen sie sich insgesamt kaum rechtfertigen (Hinkmann 1996, S. 87, Fußnote 22 und S. 88).

[126] Hier ist Rawls mit seiner Theorie des *overlapping consensus* ein Verbündeter: "The guiding thought behind this form of Aristotelism is, at its heart, a profoundly liberal idea, and one that lies at the heart of Rawls' project as well: the idea of the citizen as a free and dignified human being, a maker of choices." (Nussbaum 1997, S. 292)

5.5.2 Pauls Kritik des Kulturrelativismus

Wer Menschenrechte universell begründen möchte und es nicht bei einer Gegenüberstellung Universalismus *oder* Kulturrelativismus belassen möchte, muss methodologische Fragen beantworten: Führt die Verschiedenheit der Kulturen zwangsläufig zu nicht miteinander zu vereinbarenden Menschenrechtsvorstellungen? Oder ist interkulturelle Verständigung möglich? Wo liegen die Grenzen und die Möglichkeiten eines solchen Dialoges?

Wenn überzeugend gezeigt werden kann, dass eine interkulturelle Verständigung nicht möglich ist, dann ist der Begründungsversuch eines universellen Menschenrechtskonzeptes aussichtslos.

Ist es möglich, fremde Kulturen zu verstehen?

Die These, in der eine verneinende Antwort gegeben wird, lautet: Da Verstehen immer vom Blickwinkel und vom Verstehen der eigenen Kultur abhängt, ist ein Verstehen nur relativ zur eigenen Kultur möglich. Es ist kontextabhängig. Vertreter dieser Auffassung sind Heidegger (fundamentalontologische Variante), Gadamer (hermeneutische Variante), Wittgenstein (Sprachspielgebundenheit aller Kultur- und Lebensformen), Rorty, Winch, Derrida und Lyotard (siehe Göller (Hg.) 1999, S. 9). Danach sind Kulturen inkommensurabel, d. h. jede Kultur hat ihren eigenen Wirklichkeitsbezug, ihre „Realität". Die Möglichkeit eines partiellen Verstehens einer anderen Kultur wird allerdings von keinem der genannten Philosophen bestritten.

Kritik des Kulturrelativismus

Folgende These hält Paul (siehe Paul 2, S. 4f.) für unhaltbar: Ethische Normen sind relativ in Bezug auf die Gültigkeit einer Kultur zu einer bestimmten Zeit. Entsprechendes gilt für die moralische Bewertung von Kulturen. Seine Einwände sind:

1. Der Kulturrelativist begeht einen naturalistischen Fehlschluss: Aus dem Bestehen einer bestimmten Tradition folgt noch nicht, dass sie weiterbestehen soll.

2. Ein konsequenter Traditionalismus ist unmöglich (siehe methodologische Regel 5 in 5.6): Jede Tradition unterscheidet sich von ihren eigenen Vorgängern in ihrer Geschichte. Jedes Verteidigen des Bestehenden um seiner

selbst willen ist entweder pragmatisch oder performativ selbstwidersprüchlich.

3. Kulturen sind zu komplex und zu heterogen, um aus ihnen allein eine ethische Tradition ableiten zu können. Dazu sind externe ethische und metaethische Kriterien nötig (methodologische Regel 6).

4. Eine authentische, autochthone, unverfälschte Kultur könnten wir allenfalls fiktional darstellen. Uns fehlen die historischen Kenntnisse, sie anders als fiktional darzustellen.

5. Gültigkeit und Entstehung einer ethischen Norm sind voneinander zu trennen und sogar unabhängig voneinander (methodologische Regel 7).

6. Neue historische, gesellschaftliche und andere Entwicklungen erfordern neue Lösungsstrategien, zu denen traditionelle Mittel nicht ausreichen.

Die eben skizzierten Argumente finden wir in alten chinesischen Texten, so dass ein Kulturrelativist nicht gut beraten ist, auf ein völlig verschiedenes chinesisches Denken hinzuweisen, das Universalität grundsätzlich ablehnt.

Im 5. und 4. vorchristlichen Jahrhundert entstanden in China Texte, die die Identifizierung von Tradition und Norm (ähnlich dem naturalistischen Fehlschluss) und die Widersprüchlichkeit eines konsequenten Traditionalismus kritisieren:

„Das eben heißt: Praxis und Gewohntes (sei) für angemessen und Sitten (su) für Gerechtigkeit und Moral (yi) zu halten. In alten Zeiten existierte östlich der Stadt Yue der Staat Kaishu. Wenn der erste Sohn geboren wurde, so zerlegten und aßen sie ihn. Sie sagten, dass dies dem jüngeren Bruder zugute kommen würde. Wenn die Großväter starben, nahmen sie die Großmütter auf den Rücken und setzten sie aus. Sie sagten: 'Die Frau eines Geistes kann nicht am selben Ort mit uns leben'. Daran festhaltend, praktizierten es die Oberen als richtige Herrschaft, die Unteren als Sitte. Sie praktizierten es, ohne an ein Ende zu kommen, und übten sich darin, ohne Anstand zu nehmen. Doch wie könnte dies der Weg der Menschlichkeit (ren) und Moralität (yi) sein? Das heißt eben: Praxis und Gewohntes (si) für angemessen und Sitten (su) für Gerechtigkeit und Moral (yi) zu halten." (Paul 2, S. 5f.)

Während bisher relativistische Argumente besprochen wurden, werden in der folgenden zweiten Gruppe die Argumente gegen Bedürfnisansätze insgesamt vorgebracht. Wir werden diskutieren, inwieweit diese Argumente Nussbaums Position wirklich treffen.

5.5.3 Argumente gegen Nussbaum als Vertreterin eines Bedürfnisansatzes

Gosepath kritisiert Bedürfnisansätze zur *alleinigen* Begründung sozialer Menschenrechte mit fünf Argumenten (siehe Gosepath, in: Gosepath, Lohmann (Hg.) 1998, S. 167-172).

1. Die Bestimmungen der anthropologischen Bedürfnisstruktur des Menschen sind entweder strittig oder „latent trivial" (Gosepath 1998, S. 167). Letzteres ist der Kritik Scherers (Scherer 1993, S. 905-920) an Nussbaum entnommen. Gosepath verweist auf die Abhängigkeit der Aussagen über die Bedürfnisnatur des Menschen von historischen, kulturellen, ideologischen, religiösen und anderen Deutungen des Menschen. Außerdem abstrahiere der Bedürfnisansatz von sozialhistorischen Entwicklungen, durch die sich die Vorstellungen von den Grundbedürfnissen wandeln. Er stellt zusammenfassend fest:

> „Auf welche Voraussetzungen der Vollzug eines Lebens typischerweise angewiesen ist, variiert offenbar stets mit den kulturellen Standards. Die Vermutung, dass alle rationalen und rational geklärten Verständnisse menschlicher Existenz trotz historischer und kultureller Differenzen so weit konvergieren, dass ein genügend großer und substanzieller Konsens entsteht, scheint, soweit ich sehen kann, zur Zeit unbegründet." (Gosepath 1998, S. 168)

Als Ausweg aus dem drohenden Relativismusvorwurf vertreten Bedürfnistheoretiker eine möglichst formale, „dünne" Theorie menschlicher Grundbedürfnisse. Diese seien zwar, so Gosepath, empirisch bestätigt und könnten rationalerweise nicht abgelehnt werden. Gosepath zitiert hier auch Nussbaum. Wieder wird die Liste der Grundbedürfnisse „zumindest scheinbar trivial". Mit der Trivialisierung und Formalisierung ist es auch unmöglich, Bedürfnisse inhaltlich und rechtlich zu konkretisieren.

2. Die menschenrechtliche Sicherstellung von Grundbedürfnissen ist z. T. überflüssig. Es wird nämlich nicht jedes Grundbedürfnis in den Menschenrechtserklärungen als rechtlich schützenswert erklärt, z. B. das Bedürfnis auf Schlaf und Verrichtung der Notdurft.[127] Vor allem die Rechte,

---

[127] Gosepath nennt ein Beispiel von Waldron, der zeigt, dass es „gute Gründe geben kann, Maßnahmen zu ergreifen, um Menschen, zum Beispiel Obdachlosen, die Befriedigung solcher Bedürfnisse zu ermöglichen." (Gosepath 1998, S. 169, Fußnote 53) In den USA wird Obdachlosen der Zugang zu öffentlichen Gebäuden verwehrt. Sie schlafen z. B. in Parks und

die in bestimmten historischen Situationen bedroht oder missachtet wurden, sind in einer Reaktion auf Unrechtserfahrungen kodifiziert worden. Die Befriedigung anderer Bedürfnisse, wie das Bedürfnis auf sexuelle Erfüllung, wird man nicht durch Rechte sicherstellen können. Höchstens können Voraussetzungen wie die Freiheit zu sexueller Befriedigung geschaffen werden. Der Bedürfnisansatz ist also zu weit in dem Sinne, dass er die rechtliche Festschreibung einiger Bedürfnisse fordert, deren Fixierung überflüssig oder unnötig ist.[128]

3. Wenn man empirische Bedürfnisse als Ausgangspunkt zur Explikation (und Begründung) von Menschenrechten nimmt, bekommt man nicht ihren Kern, z. B. lassen sich keine Freiheitsrechte gewinnen.

„Ein reiner Bedürfnisansatz vernachlässigt den Aspekt der autonomen Selbstbestimmung und Freiheit bzw. kann innerhalb seines Rahmens der allgemein geteilten liberalen Intuition, dass Autonomie und Freiheit zentrale zu schützende Werte sind, nicht philosophisch gerecht werden." (Gosepath 1998, S. 169)

Gosepath diskutiert einen Ausweg von Shue, der „Autonomie und Freiheitsrechte als Bedingungen der Möglichkeit für die Bestimmung basaler Bedürfnisse und die Nutzung sozialer Rechte" auffasst.[129] Je nachdem, wie die Rolle der Autonomie aufgefasst wird (zentrale architektonische Rolle innerhalb eines Bedürfnisansatzes oder Autonomie als Basis unseres Selbstwertgefühls), muss ein Bedürfnisansatz stark modifiziert werden. Wenn nämlich Individuen autonom entscheiden sollen, welche Bedürfnisse für sie zentral sind, hat die Autonomie nicht den Status eines Grundbedürfnisses, sondern ist eine Entscheidungsinstanz, die zur Bestimmung der Grundbedürfnisse benötigt wird.

Gosepath behauptet also folgendes Problem für einen Bedürfnisansatz: Entweder bestreitet ein Bedürfnisansatz die Relevanz autonomer Entscheidungen und kann keine Freiheitsrechte generieren oder er akzeptiert

---

verrichten dort ihre Notdurft. Damit machen sie sich strafbar und werden belangt. So wird ihnen die Befriedigung bestimmter Grundbedürfnisse erschwert.

[128] Das ist eine behebbare Schwäche des Bedürfnisansatzes. Wir könnten uns beispielsweise darüber einigen, welche Bedürfnisse eher Anspruch auf einen Schutz durch ein Menschenrecht haben und welche nicht.

[129] Shue fragt, welche Rechte gewährleistet sein müssen, damit alle anderen Rechte sinnvoll wahrgenommen werden können (siehe Gosepath 1998, S. 170, Fußnote 56). Shue nennt security, subsistence und z. T. einige Freiheitsrechte.

die Relevanz der Autonomie und ist kein Bedürfnisansatz im starken Sinn (letzteres trifft auf Nussbaum zu).
4. Wie sollen die knappen Ressourcen, die zur Befriedigung der Bedürfnisse vorhanden sind, verteilt werden? Für Gosepath gibt es auf diese Frage keine gute Antwort. Wer die Verteilung nach der Stärke des Bedürfnisses vornehmen möchte, steht vor der Schwierigkeit, die Stärke von Bedürfnissen (empirisch) bestimmen zu müssen.

„Es herrscht hier wieder eine kulturelle und ideologische Relativität bei den empirisch ermittelbaren Angaben über Bedürfnisstärken." (Gosepath 1998, S. 171)

Hier gibt es außerdem noch das Problem, inwieweit antrainierte, angeblich natürliche Interessen berücksichtigt werden sollen. Wenn ein Bedürfnisansatz von natürlichen Grundbedürfnissen ausgeht, dann kann er nicht rechtfertigen, warum beispielsweise die Menschen in Entwicklungsländern erst „erzogen" werden müssen, um ihre Bedürfnisse zu erkennen. Dass diese „antrainierten" (Gosepath) Bedürfnisse entsprechend ihrer Stärke befriedigt werden sollen, scheint ihm intuitiv ungerecht.

Ein weiteres Problem ist die Unbestimmtheit der sozialen Rechte, die über Grundbedürfnisse eingeführt werden. Je nach Leistungsfähigkeit der Volkswirtschaft wird ein Staat mehr oder weniger Ansprüche garantieren können. Das Maß einer gerechten Bedürfnisbefriedigung hängt also nicht nur von der Stärke der Bedürfnisse ab, sondern von der Masse der zur Verfügung stehenden Ressourcen und der Anzahl derer, die berechtigte Ansprüche auf die Ressourcen haben. Gosepath hält einen Rückgriff auf das Prinzip distributiver Gerechtigkeit für unerlässlich. Auch wenn ein Bedürfnisansatz schon einem Minimalkonzept distributiver Gerechtigkeit genügt,[130] so reicht das Prinzip der Befriedigung basaler Bedürfnisse nicht aus, weil unklar ist, welche Bedürfnisse in welchem Maße bestimmt werden sollen.

5. Es geht bei der Wahrung höher gestellter essentieller Interessen, aus denen der Anspruch auf gleiche Rechte zum Schutz dieser Interessen ableitbar ist, um eine moralische Rechtfertigung der Interessen. Ein Bedürfnisansatz muss also auf der Moral gleicher Achtung beruhen und auf einem

---

[130] Gosepath sieht in der gleichen Befriedigung gleicher Bedürfnisse (Forderung an ein Bedürfniskonzept) eine Anwendung eines Minimalkonzeptes einer distributiven Gerechtigkeit.

Rechtfertigungsprinzip, das uns sagt, wann wir von moralisch gerechtfertigten Interessen sprechen können. Damit stellt sich die Frage, „warum wir uns *nur* die Befriedigung von Grundbedürfnissen wechselseitig schulden sollten?" (Gosepath, in: Gosepath, Lohmann (Hg.) 1998, S. 172) Wer, so Gosepath, eine Moral gleicher Achtung, ein Rechtfertigungsprinzip und ein Prinzip der Verteilungsgerechtigkeit akzeptiert, der sollte mit guten Gründen zeigen können, warum weitergehende Verteilungen unseren Interessen zuwiderlaufen. Gibt es nicht auch ein basales Bedürfnis derjenigen nach Gerechtigkeit, die Rücksicht auf basale Bedürfnisse nehmen wollen?

5.5.4 Kritik der Argumente gegen Nussbaum

In dieser Kritik spreche ich vor allem als Anwalt Nussbaums, falls nicht Nussbaum ausdrücklich erwähnt wird. Gosepath kritisiert Bedürfnisansätze, die die Begründung sozialer Menschenrechte leisten wollen. Es ist zwar richtig, dass Nussbaum nicht einfach die Befriedigung von Bedürfnissen menschenrechtlich fixieren möchte, aber es trifft ebenfalls zu, dass die Befriedigung von Bedürfnissen ausdrücklich eine Voraussetzung zur Wahrnehmung anderer Rechte (Funktionen, Fähigkeiten) ist. Deshalb lohnt es sich, Gosepaths Argumente hinsichtlich der Anwendbarkeit auf Nussbaums Konzept zu prüfen.

Zu 1: Falsch ist, dass Scherer, falls einige Bedürfnisse trivial sind, auch gezeigt hat, dass ihre Befriedigung nicht trotzdem durch die Kodifizierung und Durchsetzung der Menschenrechte gefördert werden kann. Selbst wenn ein Bedürfnis trivial ist, so fordert doch Nussbaum gerade auch die Bereitstellung von Mitteln zur Befriedigung der Bedürfnisse. Je trivialer ein Bedürfnis ist, desto leichter können wir uns darauf einigen, dass die Befriedigung dieses Bedürfnisses für ein menschengerechtes (menschenwürdiges) Leben notwendig ist. Die Trivialität von Bedürfnissen ist für Nussbaum eher ein Vorteil als ein Nachteil. Schwerwiegender ist der Einwand, dass man sich im Falle nichttrivialer Bedürfnisse schlecht entscheiden kann, ob ein Bedürfnis noch fundamental und damit universell schützenswert ist. Ein Beispiel ist Bildung. Haben Menschen wirklich ein Bedürfnis auf elementare Bildung? Nussbaum würde sagen, dass Bildung gerade uninformierten Menschen, die kein Bedürfnis nach Bildung haben, zu einem wahrhaft menschlichen Leben verhelfen kann. Erst wenn Menschen elementare Bildung genossen haben, sind sie fähig, andere Fähigkeiten und Funktionen voll auszuprägen. An dieser Stelle bleibt der Vorwurf des Paternalismus, der nicht immer überzeugend entkräftet werden kann.

Zur These Gosepaths, dass es keinen substanziellen Konsens über die grundlegenden Voraussetzungen gibt, die zum „Vollzug des Lebens" nötig sind, lässt sich Folgendes sagen: Es ist richtig, dass es kulturabhängig unterschiedliche Positionen gibt, welche Menschenrechte gelten sollten. Einem breiteren Konsens stehen aber nicht nur die unvereinbaren Menschenrechtsvorstellungen unterschiedlicher Kulturen gegenüber, sondern die Tatsache, dass die methodologischen Standards niedrig sind. Staaten verhalten sich in Bezug auf Rechts- und Moralsysteme, die innerhalb ihres Staates gelten sollen, inkonsistent und willkürlich[131] (siehe Okin, in: Gosepath, Lohmann (Hg.) 1998, S. 325-329 und Hinkmann 1996, S. 87ff.).

Zu 2: Dieser Kritikpunkt trifft Nussbaum nur am Rand: Sie fordert in der Tat kein Menschenrecht auf Schlaf, möchte aber sicherstellen, dass alle Menschen unter Bedingungen leben, die ausreichenden Schlaf ermöglichen. Erst dann können wieder andere Fähigkeiten und Funktionen entwickelt und wahrgenommen werden. Natürlich würde Nussbaum kein Menschenrecht auf Schlaf fordern. Die einfache Relation, die jedem Bedürfnis ein Menschenrecht zuordnet, wird kein ernstzunehmender Verfechter eines Bedürfnisansatzes vertreten.

Zu 3: Das Argument Gosepaths ist zwar stark, trifft aber Nussbaum nicht: Nussbaum ist Kantianerin genug, um der Autonomie von Personen starkes Gewicht

---

[131] Als Beispiel für willkürliches und inkonsistentes Auswählen der Normen, die gelten sollen, zitiert Okin (in: Göller 1998, S. 324) einen Ausspruch des saudi-arabischen Königs Fahd von 1992 (zitiert nach Elizabeth Mayer, „Universal versus Islamic Rights: A Clash of Cultures or a Clash with a Construct?, in: Michigan Journal of International Law 15 (1994) 2, S. 307-404, hier S. 323):
„Das weltweit dominierende demokratische System lässt sich nicht auf die Völker unserer Region übertragen. Dispositionen und Besonderheiten unserer Völker unterscheiden sich von denen der restlichen Welt. Deshalb können wir nicht einfach die Methoden anderer Völker übernehmen und sie den unseren überstülpen. Wir haben unseren islamischen Glauben, der ein einheitliches, in sich geschlossenes System darstellt." Insbesondere die letzte Behauptung ist fragwürdig, denn in Normsystemen islamischer Länder können wir feststellen, dass in einigen Bereichen noch die kolonialen Normen, insbesondere Gesetze, also westliche Gesetze gelten und in anderen Normen aus dem Normenkodex des Islam abgeleitet werden.

einzuräumen. In der Tat ist der Nussbaum'sche Ansatz kein Bedürfnisansatz im engeren Sinn.

Zu 4: Die Probleme, die Gosepath in 4 behandelt, sieht auch Nussbaum. Ihre Lösungen sind nicht immer überzeugend (siehe 5.5.5). Die Probleme der distributiven Gerechtigkeit, auf die Gosepath anspielt, sind nicht wirklich gelöst.

Zu 5: Nussbaum käme es sehr gelegen, wenn es ein Bedürfnis nach Gerechtigkeit gäbe. In der Tat beruht Nussbaums Ansatz auf dem Prinzip gegenseitiger moralischer Anerkennung. Nussbaum ist überzeugt, dass wir uns gegenseitige Anerkennung schulden: „Notice that the approach makes each person a bearer of value, and an end." (Nussbaum 2000, S. 73)

5.5.5 Weiterführende Kritik: Nussbaums Holismus und die Trennschärfe zwischen Fähigkeiten und Funktionen

Ich beschränke mich auf zwei Punkte, die bei Nussbaum nicht hinreichend geklärt sind. Sie betreffen die Grenzen des Konzepts der Fähigkeiten, das ich als holistisch bezeichnen werde, und die Trennschärfe der beiden Begriffe Fähigkeiten und Funktionen.

5.5.5.1 Grenzen des holistischen Konzepts Nussbaums

Nussbaum ist sehr anspruchsvoll. Als Ethikerin ist sie Aristoteles und Kant verpflichtet: Sie möchte nicht einfach Rechte begründen, was schon schwierig genug ist. Sie fordert politisch die Schaffung der Bedingungen, um typisch menschliche Funktionen des guten, gelingenden Lebens im Aristotelischen Sinn ausüben zu können. Dazu muss die Ausbildung von wesentlichen Fähigkeiten gefördert werden. Welche Fähigkeiten wesentlich sind, kann auch von historischen und kulturellen Umständen abhängen, so dass die Liste der Fähigkeiten keine Vollständigkeit beanspruchen kann. Holistisch[132] ist das Konzept Nuss-

---

[132] Der Begriff „Holismus" wird hier in einer anspruchslosen Version gebraucht. Eine anspruchsvolle Explikation gibt Vollmer (Vollmer 1995, S. 60-101). Im Gegensatz zu den dort formulierten Ansprüchen eines Holismus beansprucht Nussbaum lediglich, dass ihre Konzeption ganzheitlich ist, d. h. Forderungen in mehreren Bereichen stellt. Diese sind Politik, Wirtschaft, Ethik und die Lebenswelt der Menschen.

baums insofern, als Politik und Ethik fast untrennbar miteinander verbunden sind: Der *capabilities approach* Nussbaums ist Kern einer Theorie der Gerechtigkeit, die sowohl Teil der Ethik als auch der politischen Philosophie ist. Fast immer, wenn Nussbaum Normen formuliert, werden mit den geforderten moralischen Normen auch politische Handlungsweisen gefordert. Mehr noch: Die Formulierung einer moralischen Norm folgt einer politischen Forderung. Ein Beispiel: Frauen werden in Indien zwar theoretisch, d. h. nach dem Gesetz, gleich behandelt, aber faktisch diskriminiert. 1991 konnten 39% der Frauen schreiben und lesen im Vergleich zu 64% der Männer (Nussbaum 2000, S. 27). Nussbaum schließt daraus, dass die Erziehung verbessert werden muss. In der Liste der Fähigkeiten fordert sie dann, in welchen Bereichen und in welchem Umfang Menschen mindestens erzogen werden sollten.

Nussbaums Ethik ist nicht nur politisch motiviert, sondern die Politik ist der Ethik vorgelagert. Nussbaum möchte die Lebensbedingungen der Menschen in Entwicklungsländern wie Indien verbessern. Sie hat ein politisches Ziel. Um dieses Ziel zu erreichen, braucht sie moralische Normen, die in einer politischen Argumentation bestehen können. Nussbaum betrachtet die Verquickung von Politik und Ethik als Stärke ihres Konzeptes (Nussbaum 2000, S. 101ff.). Ich möchte einige Schwierigkeiten ihres Holismus skizzieren:

1. Um es in der Terminologie Lakatos' zu sagen: In Nussbaums Sicht besteht ihr Konzept zum großen Teil aus einem harten Kern und zu einem kleinen Teil aus einer weichen Schale. Sie kann an keiner Stelle ihres Konzeptes sagen, auf welchen Bestandteil sie am ehesten verzichten könnte: Sie sagt beispielsweise, dass sie die Forderung von Gerechtigkeit mit der von Freiheit vereinbaren kann (Nussbaum 1993, S. 346ff.). Auf welche Elemente könnte Nussbaum im Fall einer berechtigten Kritik an der Vereinbarkeit dieser Forderungen am ehesten verzichten? Ich denke nicht, dass alle Elemente ihres Konzeptes gleich wichtig sind, d. h. in gleichem Maße zum harten Kern gehören. Eine *politische Umsetzung* ihres Konzeptes ist z. B. zwar wünschenswert, aber weitgehend unabhängig von theoretischen Geltungsansprüchen.

2. Nussbaums Konzept ist an mehreren Stellen zu anspruchsvoll. Es ist zwar wünschenswert, dass alle Menschen ein gelingendes, gutes Leben führen sollten und dass die Formulierung und Begründung von Menschenrechten

hierzu beitragen kann. Angesichts der Vielzahl der Staaten, in denen selbst elementare Menschenrechte missachtet werden, könnten wir auch bescheidener fragen, wie wir diejenigen Rechte begründen können, die schlichtweg das Überleben der Menschen sichern. Ein Grund zu einer solchen Bescheidenheit ist die Tatsache, dass sich besonders elementare Rechte leichter universell begründen lassen als weniger elementare Rechte: Das Recht, nicht von anderen getötet zu werden, kann man schon durch Interessenabwägung mittels hypothetischer Imperative intersubjektiv begründen (siehe 4.3.2, S. 87f., Fußnote 88). Wer soziale Rechte begründen möchte, geht von einem wünschbaren Zustand globaler Gerechtigkeit oder Gleichheit aus, so dass er auf anspruchsvollere und damit weniger konsensfähige Theorien zurückgreifen muss.

3. Ein weiterer Punkt betrifft den Nussbaum'schen Essentialismus: Nehmen wir an, wir könnten aus der Untersuchung der historischen und kulturellen Randbedingungen heraus erkennen, welche Fähigkeiten so essentiell sind, dass sie in die Nussbaum'sche Liste aufgenommen werden sollen. Dann haben wir zwei Probleme: 1. Wir brauchen gesellschaftsabhängig verschiedene Listen, da es immer wieder nötig sein kann, einzelne Punkte neu in die Liste aufzunehmen. Es gibt dann also nicht *die* eine Liste. Wie essentiell sind die Fähigkeiten in den Listen dann? 2. Wenn wir die Fähigkeiten hierarchisieren[133], werden wir feststellen, dass einige der Fähigkeiten nicht universell oder dass sie willkürlich sind. Ein Beispiel für eine Forderung Nussbaums:

---

[133]Nussbaum würde die Gewichtung von Fähigkeiten und ihre Hierarchisierung ablehnen. Gosepath (siehe oben in 5.5.2, Punkt 4) macht aber im Falle der „antrainierten" Bedürfnisse zu Recht darauf aufmerksam, dass diese Bedürfnisse weniger stark sind als Bedürfnisse, derer sich auch der Mensch klar ist, der keine Erziehung genossen hat. Nussbaum würde jetzt sagen, dass sie nicht von Bedürfnissen spricht. Dazu kann man sagen, dass es enge Beziehungen zwischen Fähigkeiten und Bedürfnissen gibt: Erst wenn das Bedürfnis, regelmäßig Nahrung aufzunehmen, gestillt ist, können Fähigkeiten des Körpers ausgebildet werden und insbesondere die Fähigkeit zur vollen Lebensdauer. Dazu müssen natürlich noch andere Voraussetzungen erfüllt werden. Nussbaum könnte weiter sagen, dass jede der Fähigkeiten essentiell ist. Dem kann man angesichts der Heterogenität der Fähigleiten widersprechen. Ist die Fähigkeit zur Teilnahme an Veranstaltungen politischer, künstlerischer und politischer Art genauso wichtig wie der Schutz körperlicher Integrität?

„Being able to use imagination and thought in connection with experiencing and producing self-expressive works and events of one's own choise, religious, literacy, musical, and so forth" (Nussbaum 2000, S. 79).

Diese Fähigkeit ist Teil der Fähigkeiten, die Sinneswahrnehmung, Vorstellungskraft und Denken betrifft. „Producing self-expressive works" kann man auch eine willkürliche Forderung nennen, aber darauf kommt es mir hier nicht an. Meine Kritik zielt auf die Behauptung, dass das wirklich nicht eine universalisierbare Forderung ist, weil längst nicht alle Menschen selbstdarstellerische oder sich selbst ausdrückende, d. h. kreative Arbeiten erzeugen können, selbst wenn sie es wollten.[134]

5.5.5.2 Wie scharf kann man zwischen Fähigkeiten und Funktionen unterscheiden?

Mein Einwand betrifft die Unterscheidung und Reichweite der Fähigkeiten und Funktionen bei Nussbaum. Er wird auch von Brukamp (Brukamp, in: Kallhoff (Hg.) 2001, S. 97-100) vorgebracht. Der Einwand beginnt mit der unscharfen Trennung der Begriffe „Capabilities" und „Functionings". Nussbaum versucht zwar eine scharfe Trennung der beiden Bereiche, denn sie fordert aus politischen Gründen die Förderung von Fähigkeiten und nicht von Funktionen. Aber selbst wenn die scharfe Abgrenzung der beiden Begriffe möglich wäre, so ist sie für die Anwendung des Konzeptes hinderlich. Außerdem gibt es theoretische Schwierigkeiten des Konzeptes wegen der besonders wichtigen Fähigkeiten der praktischen Vernunft (practical reason) und der Bindung zu anderen Wesen (affiliation). Wie lautet der Einwand im Einzelnen?

---

[134] Wir könnten auch die These empirisch gut belegen, wonach längst nicht alle Menschen auch nur die Möglichkeit haben *wollen*, „self-expressing works" hervorzubringen. Viele Menschen sind mit einem relativ kruden Ballermann-Hedonismus zufrieden. Der Ausdruck nimmt Bezug auf einen Komplex gastronomischer Einrichtungen der Ferieninsel Mallorca. Es geht dem Ballermann-Hedonisten einzig um die Verwirklichung sinnlicher Freuden.

Nussbaum möchte Fähigkeiten und Funktionen[135] möglichst scharf trennen. Als Zugeständnis zum Liberalismus und aus Gründen der Anwendbarkeit ihres Ansatzes möchte sie die größtmögliche Freiheit des einzelnen Bürgers geschützt wissen:

> „Where adult citizens are concerned, *capabilities, not functioning, is the appropriate political goal* [Hervorhebungen im Original, Anm. des Autors]. [...] It is perfectly true that functionings, not simply capabilities, are what render a life fully human, in the sense that if there were no functioning of any kind in a life, we could hardly applaud it, no matter what opportunities it contained. Nonetheless, for political purposes it is appropiate that we shoot for capabilities, and those alone. Citizens must be left free to determine their own course after it." (Nussbaum 2000, S. 83)

Gegen diese Behauptungen lässt sich einwenden, dass Staaten auch das Ausüben von Funktionen schützen sollten. Welcher Staat der folgenden ist der Bessere? Staat A, der nach Antrag Behinderten Rollstühle zur Verfügung stellt oder ist es Staat B, der medizinisches Personal zur Verfügung stellt, das den Behinderten in die Benutzung der Rollstühle einweist? Nussbaum würde wahrscheinlich Staat B bevorzugen.[136] Sie gibt auch Funktionen vor Fähigkeiten insofern den Vorzug,[137] als ein Leben ohne bestimmte Funktionen nicht lebenswert ist (Nussbaum 2000, S. 87).

Wir können sogar dafür argumentieren, dass Funktionen den Fähigkeiten theoretisch vorgeordnet sein müssten: Im Leben der Menschen sind Funktionen die Grundlage für das Wissen um die Fähigkeiten. Menschen können sich nicht ihrer Fähigkeiten bewusst sein, wenn sie nicht aufgrund dieser Fähigkeiten wenigstens rudimentär Funktionen ausüben.

> „Functioning occurs prior to capability, as does *energeia* in relation to *dynamis*." (Brukamp, in: Kallhoff (Hg.) 2001, S. 98)

---

[135] Die Unterscheidung von Fähigkeit und Funktion geht auf Aristoteles zurück (Metaphysik IX, 3). Siehe auch Brukamp, in: Kallhoff (Hg.) 2001, S. 97. Fähigkeit kann man in erster Näherung als eine Bedeutungskomponente der aristotelischen „dynamis" bestimmen. Gleiches gilt für „Funktion" und „energeia" (siehe dazu Barnes 1992, S. 79).

[136] Hier, wie in anderen Beispielen (Brukamp, in: Kallhoff (Hg.) 2001, S. 97) auch, kann zwischen Fähigkeiten und Funktionen nicht scharf getrennt werden. Falls die Ausbildung einer Fähigkeit wie die der praktischen Vernunft gefördert wird, kann der so Geförderte auch Funktionen besser oder überhaupt erst ausüben.

[137] Darin folgt Nussbaum Aristoteles (Metaphysik IX, 9). Er sagt, dass tatsächlich ausgeübte Fähigkeiten wertvoller sind als potenzielle Fähigkeiten, die nicht ausgeprägt sind.

Warum sollen trotzdem die Fähigkeiten und nicht das tatsächliche Funktionieren der Menschen gefördert werden? Um die Bürger vor staatlichem Missbrauch oder vor staatlicher Unterdrückung zu schützen, antwortet Nussbaum. Um dem Vorwurf des Paternalismus zu entgehen, muss er die Voraussetzungen für die freien Entscheidungen der Bürger sicherstellen, welche Funktionen diese wahrnehmen wollen. Die Rolle des Staates ist folgende (Brukamp, in: Kallhoff (Hg.) 2001, S. 99):

> „With regard to the state's role as Nussbaum defines it, its aim can be sketched as making favorable human development and the free choice of its direction possible. The 'capability' approach could therefore just focus on the wide spectrum of functionings rather than draw a sharp line between capabilities and functionings which can hardly be identified in reality."

Ein weiteres Argument gegen die Anwendbarkeit der Unterscheidung zwischen Funktionen und Fähigkeiten lässt sich so formulieren:

Praktische Vernunft und die Fähigkeit zur Bindung[138] an andere Menschen, an die Umwelt u. a. spielen in der Fähigkeiten-Liste eine architektonische Rolle und sind zugleich Funktionen. Alle anderen Fähigkeiten können nur mittels dieser beiden Fähigkeiten (Funktionen) ausgebildet werden. Zwei Fragen schließen sich hier an: Wie können zwei Elemente der Fähigkeiten-Liste zugleich das Fundament dieser Liste bilden? Wenn diese beiden Fähigkeiten so wichtig sind, sollten sie als Super-Fähigkeiten von Nussbaum schon deshalb getrennt aufgeführt werden, weil ihnen eine besondere theoretische Rolle zukommt.

Wichtiger ist aber die zweite Frage: Wie können praktische Vernunft und die Fähigkeiten zu Bindungen überhaupt als bloße Fähigkeiten konstruiert werden? Wenn sie Elemente jedes menschlichen Lebens sind, dann müssen sie tatsächlich, d. h. als Funktionen vorhanden sein und nicht nur potenziell als Fähigkeiten. Nussbaum hat also an dieser Stelle Probleme, praktische Vernunft und Fähigkeit zur Bindung überhaupt als Fähigkeiten auszuweisen.[139]

---

[138] Wieder finden wir beide Begriffe in der Philosophie Aristoteles': Phronesis und Philia.

[139] Ein weiterer möglicher Einwand betrifft die Begründung moralischer Rechte über eine kantisch aufgefasste Menschenwürde.
Einerseits formuliert Nussbaum Menschenrechte als moralische Ansprüche. Sie spricht von „moral claims" (Nussbaum 2000, S. 83). Über die Kodifizierung dieser Ansprüche, über die Transformation in geltendes Recht sagt sie wenig, und doch sind Menschenrechte auch juridische Rechte. Die Fähigkeiten sind Zwitter, denn sie sind sowohl moralische Ansprüche als auch juridische Rechte: „[People] have a right (a justified claim) to religious freedom just by

Im letzten Teil des Schlusskapitels fragen wir, welche Probleme das Nussbaum'sche Konzept löst und warum es mehr leistet als Bedürfnis-Ansätze.

Wir verlassen an dieser Stelle die Kritik Nussbaums. Wir hatten an einigen Stellen die niedrigen methodologischen Standards erwähnt, die in der Debatte Universalismus gegen Partikularismus bzw. Relativismus eingehalten werden. Wer die Diskussion zwischen Universalisten auf der einen Seite und Partikularisten und Relativisten auf der anderen Seite fördern möchte, kann Überlegungen zu methodologischen Standards anstellen. Der einzige mir bekannte Vorschlag dazu stammt von Paul.

5.6 Methodologische Regeln einer Philosophie der Menschenrechte

Das Niveau der Diskussion zwischen Universalisten und Relativisten, die bisher beschrieben wurde, könnte erhöht werden, wenn sich die streitenden Parteien auf methodologische Standards einigen könnten. Die Standards werden zwar von einem Universalisten (Paul, in: Göller (Hg.) 1999, S. 25ff. und Paul 2, S. 24) gefordert, aber einige der Regeln sollten bereits aus Gründen der Konsistenz auch von Relativisten akzeptiert werden.

1. *Die Anerkennung der Allgemeingültigkeit formallogischer Prinzipien*
   Kulturrelativisten behaupten auch die Relativität rein formaler Prinzipien wie des Satzes der Identität, der Widerspruchsfreiheit, des Tertium non datur, der in der klassischen zweiwertigen Logik gültig ist, oder des Tran-

---

virtue of human being [...]" (Nussbaum 2000, S. 98). Diesen berechtigten moralischen Anspruch haben Menschen schon aufgrund der Tatsache, dass sie Menschen sind. Für Nussbaum ist das intuitiv einsichtig und sogar evident (Nussbaum 1993, S. 344). Das Nussbaum humanistische Intuitionen dieser Art hat, sagt noch nichts über die Güte der Begründung. Das vierte Kapitel ihres jüngsten Buches (Nussbaum 2000) heisst „Love, Care, and Dignity" (Nussbaum 2000, S. 241-297). Dort begründet Nussbaum Menschenrechte durch Menschenwürde, die sie nicht nur als Gestaltungsauftrag, sondern kantisch versteht:
„In the most general way, guidance will always be supplied first and foremost by the idea of practical reason and of human dignity: the idea that each human being is a marker of a life plan, and that each should be treated as an end and none as the mere instrument of the ends of others." (Nussbaum 2000, S. 284f.).
Eine solche Wesenswürde (4.1.5) ist zu anspruchsvoll, weil Kants Konzeption menschlicher Vernunft (4.3.2), die Menschenwürde begründet, ebenfalls zu anspruchsvoll ist.

sitivitätsgesetzes. Schon im Alltag ist die Beachtung der meisten dieser Regeln und Prinzipien überlebenswichtig. Sie gelten auch für Chinesen und Araber und haben normative Gültigkeit. Ein paar weitere Hinweise zur interkulturellen Gültigkeit der formalen Prinzipien mögen genügen: a) Gäbe es eine andere, z. B. chinesische Logik als ausschließlichen Ersatz für die „westliche" Logik, so könnten wir Bücher nicht in die jeweils andere Sprache übersetzen und sie verstehen. Alles Verstehen überhaupt orientiert sich an einer kulturübergreifenden Logik. b) Wer gegen logische Gesetze verstößt, zeigt nicht, dass Logik ungültig ist. Man kann ja auch hartnäckig behaupten, dass 2+2=5 sei, ohne die Gesetze der Arithmetik in Frage zu stellen. c) Interesse an Logik kann man im Gespräch mit Chinesen in gleichem Maße feststellen wie in einem Gespräch mit einem Europäer. Trotzdem müssen die chinesischen Logiktheorien nicht den westlichen entsprechen. Wenn ich behaupte, es gelten überall die formalen Regeln, dann bin ich nicht kulturimperialistisch oder intolerant gegenüber anderen Auffassungen von Logik. Ich sage nur etwas über Strukturen, die wir nicht in der Welt finden, die sich aber auf Gegenstände in der Welt anwenden lassen.

Über diese methodologischen Überlegungen hinaus können wir zeigen, dass es in chinesischen Kulturen Logiktheorien gibt[140], deren logische Axiome und Regeln mit den „westlichen" Formulierungen äquivalent sind (siehe Paul, in: Göller (Hg.) 1999, S. 28).[141]

In chinesischen Texten zwischen 500 und 220 vor Christi finden wir Beispiele logischer Argumentation und das erkennbare Bemühen um Widerspruchsfreiheit. Auch mathematische Leistungen wie chinesische Äquivalenzen zum Satz des Pythagoras sind ohne logisch strukturiertes Denken nicht möglich.

---

[140] Paul (in: Göller 1999, S. 28, Fußnote 14) nennt die Schule der Ming jia, die „Schule der Namen", eine sprachphilosophisch und logiktheoretisch orientierte Strömung aus dem 4. vorchristlichen Jahrhundert. Die Mohisten aus dem 4. und 3. Jahrhundert vor Christi widmeten sich der Lösung logischer Probleme. In Yin ming-Texten, einer Klasse von buddhistischen Texten, sind insbesondere Studien zur Widerspruchsfreiheit und zur gültigen Schlussfolgerung enthalten. Yin ming heißt ungefähr „Begründungstheorie".

[141] Falls der von Paul behauptete Nachweis theoretischer deduktiver Äquivalenz gelänge, wäre das ein schlagendes Argument gegen die grundsätzliche Verschiedenheit „chinesischer" und „westlicher" Logik.

Jetzt kann ein Kulturrelativist immer noch behaupten, dass die ausgewählten chinesischen Texte nicht-repräsentativ für die chinesische Kultur seien. Wenn man klar sagt, ob man über Logik im Alltag, über Logiktheorien oder über logische Argumentation spricht, kann man chinesische Texte mit abendländischen vergleichen und die These begründen, dass innerhalb der gleichen Gruppen Ähnliches geschrieben wurde. Man würde andererseits ja auch nicht sagen, Aristoteles' Organon sei besonders repräsentativ für die westliche Kultur und deshalb alle anderen westlichen Texte an den hohen begrifflichen und logischen Standards messen.

Falls eine Kulturrelativistin von „Logik" spricht, dann kann eine Nachfrage, was sie mit „Logik" meine, manchmal Klarheit schaffen. Falls sie damit gar nicht formale Regeln meint, sondern einen „vermuteten Denk- und Handlungsstil" (Paul, in: Göller (Hg.) 1999, S. 29), dann suggeriert sie das Bestehen unüberbrückbarer kultureller Unterschiede, die gar nicht existieren.

2. *Die Anerkennung der Allgemeingültigkeit eines pragmatischen Kausalitätsprinzips*
Jeder, der nur überleben will, muss sich an einem Prinzip orientieren, das ungefähr so aussieht: Bestimmte Ereignisse haben bestimmte Ursachen und Gründe. Gemeint ist kein kompliziertes Kausalprinzip. Es soll lediglich Sätze wie „Jeder, der nackt ins Wasser springt, wird nass" umfassen.

3. *Die Anerkennung anthropologischer Konstanten*
Prinzipiell alle Menschen empfinden Hunger, Durst und körperlichen Schmerz als Leid. Dieser Satz kann leider eindrucksvoll durch die sehr effektiven und vielfältigen Foltermethoden begründet werden.

4. *Die Vermeidung naturalistischer Fehlschlüsse*
Das ist auch ein traditioneller chinesischer Grundsatz (siehe Paul, in: Göller (Hg.) 1999, S. 30). Übrigens folgt auch aus der Existenz einer Tradition noch nichts darüber, wie wir sie moralisch bewerten sollen.

5. *Traditionalismus ist im strengen Sinn unmöglich bzw. läuft auf einen performativen oder pragmatischen Selbstwiderspruch hinaus.*
Auch Traditionen haben ihre Geschichte. Jeder „Traditionalist" ist ein „Abweichler" in dem Sinne, dass er bestimmte Elemente einer Tradition auf Kosten anderer für wichtiger erachtet. „Traditionalismus" lässt sich

also nicht mit dem Hinweis rechtfertigen, man wolle Altes oder Althergebrachtes verteidigen.

Gegen einen Traditionalismus gleich welcher Art können wir auch einwenden, dass er neue Probleme, die aufgrund neuer Situationen entstehen, nicht lösen kann. Wir brauchen also auch nicht-traditionelle Mittel zur Lösung von Problemen.

6. *Keine Tradition kann allein aufgrund interner (traditionseigener) Maßstäbe gerechtfertigt werden.*

Dann wären alle Traditionen gleich gültig und kein Kriterium für den Wert einer Tradition könnte gerechtfertigt werden. Kriterien, mittels derer wir Traditionen bewerten, sind also externe Kriterien.

7. *Genesis und Geltung können und sollen unterschieden werden. Sie sind sogar unabhängig voneinander.*

Bei deskriptiven Sätzen ist diese Forderung noch klarer einsehbar: Der Satz des Pythagoras gilt unabhängig von Ort, Zeit oder Quelle. Die Gültigkeit der Behauptung, niemand sollte jemanden ermorden, ist eher mit einem Recht auf Leben zu begründen, als mit dem Hinweis auf die Bibel, einen buddhistischen Kanon oder einen alten chinesischen Text.[142]

8. *Verallgemeinerungen und Unterscheidungen sind zu begründen.*

Wer universelle Menschenrechte begründen möchte und relativistische Gegenargumente nicht einfach ignoriert, muss komparativ begründen. Er muss zeigen, dass es interkulturell relevante Gemeinsamkeiten gibt, aufgrund derer eine universelle Begründung möglich ist. Er muss auch zeigen, dass Unterschiede zwischen den Kulturen nicht so gravierend sind, dass eine universelle Begründung unmöglich wird. Gemeinsamkeiten und Unterschiede gibt es immer. Sie nur festzustellen, reicht nicht.

Wer dagegen einwendet, was relevant sei, sei nicht festzulegen, dem sei gesagt: Wer nicht mit Mitteln der Argumentation, der begrifflichen Klärung, der Einbeziehung empirischen und sonstigen Wissens eine vorläufi-

---

[142] Immerhin ist ein Recht auf Leben kritisierbar, die Existenz irgendwelcher Autoritäten aber nicht. Wer sich auf Autoritäten verlässt, wird schnell zum Rosinenpicker, indem er unliebsame Normen einer bestimmten Autorität akzeptiert und andere nicht akzeptiert. Ein rationaler Diskurs über die Akzeptanz von Autoritäten ist ohne Zusatzannahmen nicht möglich. Sonst würden moralische Entscheidungen willkürlich sein.

ge Klärung der relevanten Unterschiede zwischen den Kulturen zu erreichen versucht, der überlässt z. B. Fundamentalisten das Feld.

„Fundamentalismus ist u. a. dadurch gekennzeichnet, dass prinzipiell irrelevanten Spezifika unantastbare existentielle Relevanz zugeschrieben wird." (Paul 3, S. 3)

9. *Ethno- und kulturzentrische Argumente[143] sind zu vermeiden, wenn sie argumentative Auseinandersetzungen verhindern.*

Psychologisch ist das Misstrauen gegen „westliche Moral" verständlich. Man denke dabei an Imperialismus, Kolonialismus und die (nicht sehr behutsame) christliche Mission. Bezüglich der Menschenrechte sieht es auch nicht viel besser aus. Kein Staat kann überzeugend für sie eintreten, wenn er ständig zwei Maßstäbe anlegt, einen hohen in der offiziellen Darstellung und einen niedrigen, wenn es um die Achtung der Menschenrechte im eigenen Land geht. Die USA und die meisten europäischen Staaten verhalten sich moralisch doppelbödig und heuchlerisch, indem sie a) Menschenrechtsverletzungen in Staat A kritisieren und im eigenen Land sowie im Staat B dulden, b) Kulturrelativismus kritisieren und ihn selbst pflegen, z. B. in der europäischen Menschenrechts-Erklärung, c) die Menschenrechtsfrage politisch instrumentalisieren. Politische Zustände ändern nichts an der Begründungsfähigkeit der Menschenrechte, aber erschweren oder verhindern eine argumentative Auseinandersetzung. Statt sich auf Sachfragen einzulassen, hält man es für besser, die moralische Integrität oder Legitimität des Gegners in Frage zu stellen.

10. *Die vorangehenden Regeln können empirisch begründet werden und sind nicht explizit westlich.*

Die Relevanz der Regeln ergibt sich aus der Tatsache, dass Menschen in Menschenrechtsdiskussionen nicht „westlichen" oder kulturspezifischen Regeln folgen müssen, sondern ein- und denselben Regeln folgen können, sofern es um die Gültigkeit von Argumenten geht.

---

[143] Gegen das Argument des Ethno- oder Kulturzentrismus (Paul 2, S. 4) wendet Paul Folgendes ein: Erstens kritisiert man an der fremden Kultur nur das, was man auch an der eigenen Kultur kritisieren müsste. Zweitens wird in der fremden Kultur das kritisiert, was in dieser Kultur selbst kritisiert wird. Das Gegenargument ist symmetrisch und läuft auf einen pragmatischen Widerspruch hinaus: Es folgt Verfahren, die es selbst verbietet. Ein westlicher Kritiker, der asiatische Kritik am Westen ablehnt, weil sie als Kritik eines Fremden über Fremdes notwendigerweise verfehlt sei, tut damit genau dasselbe, was er für verfehlt hält.

Paul fasst seine Auffassung zur interkulturellen Verständigung so zusammen:
„Verständigung scheitert nicht an den Fragen der Diskursform und der Gültigkeit. Sie scheitert an menschlicher Schwäche und Problemen der Überzeugungskraft, Akzeptabilität und Durchsetzbarkeit. Näherhin scheitert sie an folgenden, prinzipiell jedem Menschen eigenen Schwächen: (a) Unwissenheit, (b) Bequemlichkeit und Gewöhnung, (c) Abhängigkeit von einer Ethik der Nähe, (d) Aggressivität und (e) Macht-Interesse. Dazu kommen (f) die notorische Schwäche des Arguments, (g) die Problematik asketischer, obskurer und spekulativer Morallehren, die Unmenschlichkeit und Machtmissbrauch begünstigen, (h) Indoktrination, Einschüchterung und Zwänge (insbesondere durch totalitäre Systeme) und nicht zuletzt (i) (oft) unzureichend entwickelte Institutionen (vor allem der Gewaltenteilung und Gewaltenkontrolle)." (Paul 3, S. 4)

Die Regeln werden hier nicht kritisiert. Sie sind für eine Diskussion zwischen Universalisten auf der einen Seite und Relativisten und Partikularisten auf der anderen Seite aber größtenteils fruchtbar. Ich möchte abschließend einige Ergebnisse zusammenfassen.

6 Rückblick und Ausblick: Ist Nussbaums Konzept ein verbesserter Bedürfnisansatz?

Ich fasse einige Ergebnisse zusammen:

1. In den Menschenrechtserklärungen des 20. Jahrhunderts gibt es einen relativ breiten Konsens hinsichtlich der rechtlich geforderten Menschenrechte. In den Präambeln gibt es immer noch mehr Übereinstimmungen in den Begründungen der Menschenrechte, als man aus menschenrechtsrelativistischer Sicht erwarten würde.

2. Die Idee der Menschenrechte in Rechtstexten geht bis ins 13. Jahrhundert zurück. Die Kodifizierung der Menschenrechte setzt erst im Zuge der Aufklärung, also im 18. Jahrhundert ein. Ende des 18. Jahrhunderts sind bereits alle wichtigen Klassen von Rechten formuliert.

3. Die Menschenwürde ist als Begründungsinstanz nicht geeignet: Sie ist weltanschaulich nicht neutral. Schon für die Rechte des Grundgesetzes 1949 ist sie deshalb als Begründungsinstanz untauglich. Sie ist außerdem metaphysisch aufgeladen und hat als Wesenswürde keinen Platz in einem naturalistischen Weltbild.

4. Naturrechtliche Positionen können entweder nur wenige Menschenrechte begründen (Hart) oder sie haben das Problem, keine verlässliche Wertbasis als Ausgangspunkt der Begründung zu finden (Finnis). Kant schließlich ist zu anspruchsvoll bezüglich des Erkenntnisvermögens des menschlichen Geistes und mittlerweile wegen humanwissenschaftlicher Erkenntnisse revisionsbedürftig.

5. Nussbaum begründet Menschenrechte über moralisch geforderte Fähigkeiten und Funktionen, die es auszubilden und wahrzunehmen gilt. Damit sind starke politische Forderungen verbunden. Ihr neoaristotelisches, essentialistisches und stark kantianisch beeinflusstes Konzept verbindet Tugend mit dem Prinzip der Gerechtigkeit. Menschenrechte werden als kombinierte Fähigkeiten expliziert. Nussbaum beansprucht dabei, menschenrechtsrelativistische Argumente wie die der Missachtung der Autonomie, der präjudizierenden Anwendung oder das der Missachtung kultureller und historischer Unterschiede der Kulturen entkräften zu können. Das gelingt ihr auch weitgehend.

Wer insbesondere die starken Annahmen des Nussbaum'schen Aristotelismus teilt, der hat mit Nussbaums Ansatz eine gute universelle Begründung aller Klassen von Menschenrechten. Gegen diese Voraussetzungen gibt es freilich starke Einwände: Wegen ihres holistischen Konzepts können einzelne Komponenten, die besonders kritikanfällig sind, schlecht von weniger strittigen Teilen abgetrennt werden. So kann man den Aristotelismus nicht von der Forderung trennen, dass die Ausbildung bestimmter Fähigkeiten gefördert werden solle.

Nussbaum zeigt nicht im Einzelnen, warum die Fähigkeiten ihrer Liste so elementar sind, dass jeder Mensch sie ausbilden sollte. Sie sagt nicht, auf welche Fähigkeiten sie am ehesten verzichten könnte, falls jemand behauptet, dass eine der Fähigkeiten in den Listen (5.4.2 und 5.4.4) beispielsweise nur wegen ihres abendländischen Bildungshintergrundes so wichtig erscheint.

Ich möchte abschließend fragen, was das Nussbaum'sche Konzept im Vergleich zu Bedürfnisansätzen leistet.

Zunächst leistet es mehr: Bedürfnisansätze ermöglichen die Sicherung eines Minimums an Nahrung, Schutz und Gesundheit, was besonders in Entwicklungsländern eine Verbesserung wäre. Der Fähigkeiten-Ansatz betont die Wichtigkeit der Entwicklung zentraler Fähigkeiten gleichwertiger Menschen, die mehr als Hilfe im Sinne einer wohltätigen Spende verdienen. Weil Nussbaum von verschiedenen Typen von Funktionen spricht, kann sie nicht nur Funktionen aufgrund biologischer Bedürfnisse als Grundlage von Rechten betrachten, sondern auch kompliziertere Funktionen. Nussbaum kann also eine größere Anzahl von Menschenrechten universell begründen. Sobald man allerdings über biologische Funktionen und Bedürfnisse hinausgeht, hat man mit Nussbaum ein Problem: Ist die als universell ausgewiesene Funktion (Fähigkeit) tatsächlich universell?

Nussbaum möchte auch nicht bloß menschliches Leben durch einen Minimalbestand an Menschenrechten sichern, sondern ein gutes menschliches Leben im Aristotelischen Sinn sicherstellen. Die Mehrinvestition, die Nussbaum im Vergleich zu einem Bedürfnisansatz aufwenden muss, ist freilich hoch: Nussbaum stellt weitreichende Forderungen an einen Staat, der einen schwierigen Spagat zwischen Gerechtigkeit und gleichzeitiger Gewährleistung persönlicher (Wahl)freiheit (zwischen den verschiedenen menschlichen Funktionen) leisten muss.

Literatur

Die Zitation im Text erfolgt gemäß dem folgenden Schema: Nachname des Autors, Jahr der Veröffentlichung, Seitenzahl.

- Robert Alexy, Theorie der Grundrechte, Frankfurt am Main: Suhrkamp ²1994.
- Thomas von Aquin, Summa Theologica, Graz; Wien; Salzburg; Heidelberg: 1934ff.
- Aristoteles, Metaphysik, 2 Bände, übersetzt von Hermann Bonitz, Hamburg: Felix Meiner 1980.
- Christina Arndt, Die Menschenrechte – partikularistische Ansätze zur Begründung ihrer Universalität, Hamburg: Dissertation 2000.
- John Austin, The Province of Jurisprudence Determined (ed. by Wilfrid E. Rumble), Cambridge [u.a.]: Cambridge University Press 1995.
- Jonathan Barnes, Aristoteles: Eine Einführung, Stuttgart: Reclam 1992.
- Michael Baurmann, Universalisierung und Partikularisierung der Moral: Ein individualistisches Erklärungsmodell, in: R. Hegselmann, H. Kliemt (Hg.), Moral und Interesse, München: Oldenbourg 1997, S. 65-110.
- Heiner Bielefeldt, Philosophie der Menschenrechte: Grundlage eines weltweiten Freiheitsethos, Darmstadt: Primus-Verlag 1998.
- Ernst Bloch, Naturrecht und menschliche Würde, Frankfurt am Main: Suhrkamp1977 (stw 250).
- Ernst-Wolfgang Böckenförde, Robert Spaemann (Hg.), Menschenrechte und Menschenwürde: historische Voraussetzungen – säkulare Gestalt – christliches Verständnis, Stuttgart: Klett-Cotta 1987.
- Winfried Brugger, Menschenwürde, Menschenrechte, Grundrechte, Baden-Baden: Nomos 1997.
- Marcus Tullius Cicero, Vom rechten Handeln, Zürich, Stuttgart 1964, Band 1.
- W. J. Craig (Ed.), The Comedies of William Shakespeare, London [u.a.]: Oxford University Press: 1962.
- Wilhelm Dilthey, Gesammelte Schriften, Stuttgart, Göttingen 1977.
- Walter Euchner, Naturrecht und Politik bei John Locke, Frankfurt am Main: Suhrkamp 1979.

- John Finnis, Natural Law and natural rights, Oxford 1980.
- W. E. Frankena, Der naturalistische Fehlschluss, in: Günther Grewendorf, Georg Meggle, Seminar: Sprache und Ethik. Zur Entwicklung der Metaethik, Frankfurt am Main: Suhrkamp 1974, S. 83-98.
- Johann Galtung, Menschenrechte – anders gesehen, Frankfurt am Main: Suhrkamp 1994 (Suhrkamp-Taschenbuch Wissenschaft; 1084).
- Thomas Göller (Hg.), Philosophie der Menschenrechte: Methodologie, Geschichte, kultureller Kontext, Göttingen: Cuvillier 1999.
- Stefan Gosepath, Georg Lohmann (Hg.), Philosophie der Menschenrechte, Frankfurt am Main: Suhrkamp 1998.
- Rolf Gröschner, Claus Dierksmeier, Michael Henkel, Alexander Wiehart, Rechts- und Staatsphilosophie: ein dogmenphilosophischer Dialog, Berlin [u.a.]: Springer 2000.
- Richard M. Hare, Freiheit und Vernunft, Frankfurt am Main: Suhrkamp 1973.
- Richard M. Hare, Universalisierbarkeit, in: Günther Grewendorf, Georg Meggle (Hg.), Seminar: Sprache und Ethik. Zur Entwicklung der Metaethik, Frankfurt am Main: Suhrkamp 1974, S. 198-216.
- Wolfgang Heidelmeyer (Hg.), Die Menschenrechte. Erklärungen, Verfassungsartikel, Internationale Abkommen. Mit einer Einführung von Wolfgang Heidelmeyer, Paderborn: Schoeningh ^{4}1997.
- Eric Hilgendorf, Recht und Moral, in: Aufklärung und Kritik 1/2001, S. 72-90.
- Jens Hinkmann, Philosophische Argumente für und wider die Menschenrechte, Marburg: Tectum 1996.
- Thomas Hobbes, Vom Bürger: Elemente der Philosophie II/III, Hamburg: Meiner 1994.
- Thomas Hobbes, Leviathan, Hamburg: Meiner 1996.
- Otfried Höffe, Immanuel Kant, München: Beck 1983.
- Otfried Höffe, Sittlich-politische Diskurse: Philosophische Grundlagen, politische Ethik, biomedizinische Ethik, Frankfurt am Main: Suhrkamp 1981.
- Otfried Höffe, Den Staat braucht selbst ein Volk von Teufeln: Philosophische Versuche zur Rechts- und Staatsethik, Stuttgart: Reclam 1988.

- Otfried Höffe, Politische Gerechtigkeit: Grundlegung einer kritischen Theorie von Recht und Staat, Frankfurt am Main: Suhrkamp 1989.
- Otfried Höffe (Hg.), Der Mensch – ein politisches Tier? Essays zur politischen Anthropologie, Stuttgart: Reclam 1992.
- Vittorio Hösle, Moral und Politik: Grundlagen einer Politischen Ethik für das 21. Jahrhundert, München: Beck 1997.
- Norbert Hoerster, Moralbegründung ohne Metaphysik, in: Erkenntnis 19 (1983), S. 225-238.
- Detlef Horster, Recht und Moral: Analogien, Komplementaritäten und Differenzen, in: Zeitschrift für philosophische Forschung, 51 (1997), 3, S. 367-389.
- Detlef Horster, Postchristliche Moral: eine sozialphilosophische Begründung, Hamburg: Junius 1999.
- Georg Jellinek, System der subjektiven öffentlichen Rechte, Tübingen [2]1905.
- Angela Kallhoff (ed.), Martha C. Nussbaum: Ethics and Political Philosophy: Lecture and Colloquium in Münster 2000, Münster: LIT 2001.
- Bernulf Kanitscheider, Soziobiologie und Ethik, in: E. Braun (Hg.), Wissenschaft und Erkenntnis, Bern, Frankfurt am Main: Lang 1986, S. 81-116.
- Immanuel Kant, Werke. Akademie Textausgabe, Berlin 1968.
- Arthur Kaufmann, Winfried Hassemer, Einführung in Rechtsphilosophie und Rechtstheorie der Gegenwart, Heidelberg: Müller [6]1994.
- Matthias Kaufmann, Rechtsphilosophie, Freiburg; München: Alber 1996.
- Geert Keil, Kritik des Naturalismus, Berlin [u.a.]: De Gruyter 1993.
- Geert Keil, Herbert Schnädelbach (Hg.), Naturalismus: Philosophische Beiträge, Frankfurt am Main: Suhrkamp 2000.
- Hans Kelsen, Die Idee des Naturrechts, in: Staat und Naturrecht: Aufsätze zur Ideologiekritik, München: Fink [2]1989, S. 73-113. (Ursprünglich erschienen als: Hans Kelsen, Die Idee des Naturrechts, in: Zeitschrift für öffentliches Recht, hrg. v. Hans Kelsen, Band VII 1928, Heft 2, Wien und Berlin: Julius Springer 1928, S. 221-250.)
- Walter Kerber (Hg.), Menschenrechte und kulturelle Identität, München: Kindt 1991.

- Wolfgang Kersting, Plädoyer für einen nüchternen Universalismus, in: Information Philosophie **1** (2001), S. 8-22.
- Herbert Keuth, Ist eine rationale Ethik möglich? in: Logos, N.F. 1 (1994), S. 288-305.
- Christian Krause (Hg.), Menschenrechte in Europa – Ein christlich-islamischer Dialog, Internationaler Arbeitskreis Sonnenberg 1998.
- Martin Kriele, Recht–Vernunft–Wirklichkeit, Berlin 1990.
- Gerd-Walter Küsters, Kants Rechtsphilosophie, Darmstadt: Wissenschaftliche Buchgesellschaft, 1988 (Erträge der Forschung; Band 256).
- Desmond Lee, Alice Ambrose (Hg.), Ludwig Wittgenstein: Vorlesungen 1930-1935, Frankfurt am Main: Suhrkamp 1984.
- Niklas Luhmann, Grundrechte als Institutionen, Berlin 1965.
- Matthias Lutz-Bachmann, Thomas Brose (Hg.), Umstrittene Menschenwürde: Beiträge zur ethischen Debatte der Gegenwart, Berlin: Morus 1994.
- Margaret Macdonald, Natural rights, in: Jeremy Waldron, Theories of rights, Oxford 1984.
- Alasdair MacIntyre, Der Verlust der Tugend, Frankfurt am Main; New York: de Gruyter 1987.
- Gabriel Marcel, Die menschliche Würde und ihr existentieller Grund, Frankfurt am Main: Suhrkamp 1965.
- Karl Marx, Zur Judenfrage, in: Karl Marx/Friedrich Engels, Gesamtausgabe (MEGA). Erste Abteilung, Band 2, Berlin: 1982.
- Joachim Matthes, Interkulturelle Kompetenz: Ein Konzept, sein Kontext und sein Potential, in: Deutsche Zeitschrift für Philosophie **47** (1999) 3, S. 411-426.
- A.I. Melden, Human Rights, Belmont 1970.
- Michel de Montaigne, Essais, Zürich 1953.
- Peter Moser (Hg.), Information Philosophie **4** (2001).
- Thomas Nagel, Eine Abhandlung über Gleichheit und Parteilichkeit und anderer Schriften zur politischen Philosophie, Paderborn [u.a.]: 1994.
- Martha C. Nussbaum, The Fragility of Goodness. Luck and Ethics in Greek Tragedy and Philosophy, Cambridge: Cambridge University Press 1986.

- Martha C. Nussbaum, Menschliches Tun und soziale Gerechtigkeit: Zur Verteidigung des aristotelischen Essentialismus, in: Micha Brumlik, Hauke Brunkhorst (Hg.), Gemeinschaft und Gerechtigkeit, Fischer: Frankfurt am Main 1993, S. 323-363.
- Martha C. Nussbaum, Jonathan Glover (ed.), Women, Culture, and Development: A Study of Human Capabilities, Oxford: Clarendon Press 1995.
- Martha C. Nussbaum, Capabilities and Human Rights, in: Fordham Law Review **66** (1997), S. 273-300.
- Martha C. Nussbaum, Gerechtigkeit oder Das gute Leben (hrsg. von Herlinde Paer-Studer), Frankfurt am Main: Suhrkamp 1999.
- Martha C. Nussbaum, Symposium on Amartya Sen's Philosophy: 5: Adaptive preferences and women's options, in: Economics and philosophy, **17** (2001), S. 67-88.
- Martha C. Nussbaum, Women and human development: the capabilities approach, Cambridge [u.a.]: Cambridge University Press 2000.
- Blaise Pascal, Pensées, Heidelberg 1953.
- Gregor Paul, Thomas Göller, Hans Lenk, Guido Rappe (Hg.), Humanität, Interkulturalität und Menschenrecht, Frankfurt am Main: Lang 2001.
- Francesco Petrarca, Heilmittel gegen Glück und Unglück, München 1988.
- Frank Pietzker, Entstehung und Entwicklung der Menschenrechte, Frankfurt am Main; Berlin; München: Diesterweg, 1981.
- Viktor Pöschl, Der Begriff der Würde im antiken Rom und später, Heidelberg 1989.
- Samuel Pufendorf, Über Menschen- und Bürgerpflicht nach dem Naturgesetz, 1753.
- Hilary Putnam, Realism with a Human Face, Cambridge: Clarendon 1990.
- John Rawls, Eine Theorie der Gerechtigkeit, Frankfurt am Main: Suhrkamp 1975.
- Tom Regan, „Tiere gehören nicht zwischen zwei Scheiben Brot." Der amerikanische Philosoph Tom Regan im Gespräch mit Ingolf Bossenz, in: Information Philosophie **4** (2001), S. 78-81.
- Hans Reiner, Grundlagen, Grundsätze und Einzelnormen des Naturrechts, Freiburg, München: Alber 1964.

- Eibe H. Riedel, Theorie der Menschenrechtsstandards: Funktion, Wirkungsweise und Begründung wirtschaftlicher und sozialer Menschenrechte mit exemplarischer Darstellung der Rechte auf Eigentum und Arbeit in verschiedenen Rechtsordnungen, Berlin: Duncker und Humblot 1986.
- Friedo Ricken, Allgemeine Ethik, Stuttgart, Berlin, Köln: Kohlhammer ³1998 (Urban-Taschenbücher; Bd. 348).
- Joachim Ritter, Karlfried Gründer (Hg.), Historisches Wörterbuch der Philosophie, Band 4: I-K, Basel, Stuttgart: Schwabe & Co 1976.
- Joachim Ritter, Karlfried Gründer (Hg.), Historisches Wörterbuch der Philosophie, Band 5: L-P, Basel, Stuttgart: Schwabe & Co 1980.
- Richard Rorty, Gefangen zwischen Kant und Dewey: Die gegenwärtige Lage der Moralphilosophie, in: Deutsche Zeitschrift für Philosophie, **49** (2001) 2, S. 179-196.
- Jean-Jacques Rousseau, Emil oder über die Erziehung, übersetzt von Ludwig Schmidts, Paderborn: Schoeningh ⁴1978.,
- Hans Jörg Sandkühler (Hg.), Enzyklopädie Philosophie, Band 1: A-N, Hamburg: Meiner 1999.
- Friedrich Carl von Savigny, Vom Berufe unserer Zeit für Gesetzgebung und Rechtswissenschaft, Heidelberg 1814.
- Christiane Scherer, Das menschliche und das gute menschliche Leben: Martha Nussbaum über Essentialismus und menschliche Fähigkeiten, in: Deutsche Zeitschrift für Philosophie **41** (1993) 5, S. 905-920.
- Carl Schmitt, Verfassungslehre, Berlin: Duncker und Humblot ⁴1965.
- Johannes Schwartländer (Hg.), Menschenrechte, Tübingen: Attempto 1978.
- John R. Searle, Die Konstruktion der gesellschaftlichen Wirklichkeit: Zur Ontologie sozialer Tatsachen, Reinbek bei Hamburg: Rowohlt 1997 (rowohlt enzyklopädie 55587)
- Josef Seifert, Die vierfache Quelle der Menschenwürde als Fundament der Menschenrechte, in: Staatsphilosophie und Rechtspolitik: Festschrift für Martin Kriele zum 65. Geburtstag, München: Beck 1997, S. 165-185.
- Josef Seifert, Zur Erkenntnis der Menschenrechte und ihrer axiologischen und anthropologischen Grundlagen, in: Josef Seifert (Hg.),. Wie erkennt man Naturrecht?, Heidelberg: Winter 1998, S. 65-108.

- Amartya Sen, Choice, Welfare and Measurement, Cambridge [u.a.]: Harvard University Press ²1998.
- Bruno Simma (Hg.), Menschenrechte: Ihr internationaler Schutz, München ²1985.
- Peter Singer, The Expanding circle. Ethics and Sociobiology, Oxford 1981.
- Sophokles, Antigone, übersetzt und herausgegeben von Norbert Zink, Stuttgart: Reclam 1981.
- Leo Strauss, Naturrecht und Geschichte, Frankfurt am Main: Suhrkamp ²1989 (stw 216).
- Dieter Sturma, Universalismus und Neoaristotelismus: Amartya Sen und Martha C. Nussbaum über Ethik und soziale Gerechtigkeit, in: Politische Philosophie des Sozialstaats, Weilerswist: Velbrück 2000, S. 257-292.
- Sibylle Tönnies, Der westliche Universalismus: die Denkwelt der Menschenrechte, Wiesbaden: Westdeutscher Verlag ³2001.
- Karl-Heinz Volkmann-Schluck, Freiheit, Menschenwürde, Menschenrecht, in: Johannes Schwardtländer (Hg.), Menschenrecht und Demokratie, Kehl am Rhein, Straßburg 1981, S. 177-187.
- Gerhard Vollmer, Möglichkeiten und Grenzen einer evolutionären Ethik, in: Kurt Bayertz (Hg.), Evolution und Ethik, Stuttgart: Reclam 1993, S. 103-132.
- Gerhard Vollmer, Was ist Naturalismus?, in: Logos N.F. 1 (1994), S. 200-219.
- Gerhard Vollmer, Auf der Suche nach der Ordnung: Beiträge zu einem naturalistischen Welt- und Menschenbild, Stuttgart: Hirzel 1995.
- Henrik Walter, Neurophilosophie der Willensfreiheit. Von libertarischen Illusionen zum Konzept natürlicher Autonomie, Dissertation, Braunschweig 1997.
- Rudolf Weiler (Hg.), Völkerrechtsordnung und Völkerrechtsethik, Berlin: Duncker und Humblot 2000.
- Franz-Josef Wetz, Lebenswelt und Weltall. Hermeneutik der unabweislichen Fragen, Stuttgart: Klett-Cotta 1994.
- Franz-Josef Wetz, Die Würde des Menschen ist antastbar, Stuttgart: Klett-Cotta 1998.

- Reinhold Zippelius, Rechtsphilosophie. Ein Studienbuch, München: Beck ²1989 (Juristische Kurzlehrbücher).

Internet

- http://dcg.de/paul/mrpublik.htm (Paul 1)
- http://dcg.de/paul/mrskizze.htm (Paul 2)
- http://www.polylog.org/agd/2/prs3-de.htm (Paul 3)

Abbildungs- und Tabellenverzeichnis

Tabelle 1: Klassen der Menschenrechte und ihre Vertreter .... S. 28
Tabelle 2: Varianten des Naturrechts .... S. 59
Tabelle 3: Naturauffassungen und entsprechende Naturrechtskonzepte ... S. 63
Tabelle 4: Rechtsauffassungen und entsprechende
 Naturrechtskonzeptionen .... S. 64
Tabelle 5: Abgrenzungen des Rechtspositivismus von entsprechenden
 Naturrechtskonzepten .... S. 65
Abbildung 1: Schema der Position Finnis' mit systematischem Ort der
 Menschenrechte .... S. 82
Tabelle 6: Fähigkeiten der 1. Liste Nussbaums mit neuen Eigenschaften .. S. 118

www.ingramcontent.com/pod-product-compliance
Lightning Source LLC
Chambersburg PA
CBHW020125010526
44115CB00008B/970